数据为王

企业大数据挖掘与分析

周浩 著

电子工业出版社·
Publishing House of Electronics Industry
北京·BEIJING

内 容 简 介

大数据时代迅猛到来，越来越多的企业开始加入数据的搜集和挖掘之中，将大数据营销应用到企业的发展之中。大数据作为未来重要的新型商业发展模式，在移动互联网的支持下，已经受到各行各业的重视，成为企业发展的一个重要数据营销依据。

本书上篇通过对大数据的详细解读，以及中国企业如何进行数据的挖掘，让读者对大数据营销有一个初步了解。下篇通过对大数据营销模式的详细分析，列举了大数据在金融业、餐饮业、医疗业、工业以及其他行业中的实际应用，可以让读者对大数据营销在生活中的应用有一个认知，将思维从理解的认知中解放出来，面向实际营销思考。本书将带来一种全新的思维方式，成为引领人们开拓新的商业模式的重要支持。

图书在版编目（CIP）数据

数据为王：企业大数据挖掘与分析 / 周浩著. —北京：电子工业出版社，2016.12

ISBN 978-7-121-30186-5

Ⅰ.①数… Ⅱ.①周… Ⅲ.①企业管理－数据管理Ⅳ.① F272.7

中国版本图书馆CIP数据核字（2016）第255763号

责任编辑：黄爱萍

印　　刷：三河市兴达印务有限公司

装　　订：三河市兴达印务有限公司

出版发行：电子工业出版社

　　　　　北京市海淀区万寿路173信箱　　　　　　　　邮编：100036

开　　本：720×1000　　1/16　　印张：11.5　　　　字数：184千字

版　　次：2016年12月第1版

印　　次：2016年12月第1次印刷

定　　价：45.00元

凡所购买电子工业出版社图书有缺损问题，请向购买书店调换。若书店售缺，请与本社发行部联系，联系及邮购电话：（010）88254888，88258888。

质量投诉请发邮件至zlts@phei.com.cn，盗版侵权举报请发邮件至dbqq@phei.com.cn。

本书咨询联系方式：010-51260888-819 faq@phei.com.cn。

前　言

自 2010 年，"大数据"的概念由美国数据科学家维克托·迈尔·舍恩伯格系统地提出后，从硅谷到北京，不断有人开始谈论大数据，人类也开始进入大数据时代。智能化设备的出现，使得一切行为可以数据化，并且通过数字化的分析和归纳，更加深入地探索现实世界的规律，获取以往世界中所达不到的高度。如今，大数据时代已经全面开启，越来越多的企业和个人品牌开始加入大数据营销之中，将数据作为企业营销和发展的重要依据，开启一个全新的互联网 + 大数据时代。

在大数据时代下，大数据作为未来一种新型的商业发展模式，它的发展已经不仅仅局限于了解大数据，更多的是需要真正将大数据应用到企业和个人品牌的发展之中，从而获得更加精准化的营销方式。大数据的出现让数据的精准化分析成为可能，也让大家更为详细而深入地了解到大数据的存在，将目光从追求大数据的因果关系中解放出来，将注意力更多地放在大数据的营销和使用上面，从而创造出更大的经济效益和社会效益。

本书分上、下两篇，上篇重点阐述大数据的一些概念性知识。从数据的搜集、挖掘、分析和总结中，详细地讲述中国企业如何进行数据的挖掘，以及在大数据时代下，与数据息息相关的一些关键词。不仅仅讲述数据的作用，还有互联网思维、云计算、物联网等技术的整理和分析，以及如何更好地去运用数据，并且如何在 O2O 营销、人工智能和工业 4.0 时代下，运用数据更好地带动整个时代技术的进步和发展。

在本书下篇中，大数据的营销和发展将作为重点阐述的内容。通过对大数据营销模式的详细介绍，让企业和个人对大数据营销有一个初步的认识和定位，并且了解到在大数据营销之中可以避免的一些误区。精准营销已经成为企业未来发展的一种重要营销方式。互联网＋大数据＋金融业的营销方式，更是让金融业的发展迈进一个新的时代，使得互联网＋金融业成为了可能。当然，餐饮业和医疗业也不甘落后，开始将数据的营销和行业的发展结合起来。书中列举了众多大数据在各行各业中发展和变革的案例，以方便大家更深入地了解大数据在各行各业中的营销和应用。

在未来商业的发展中，大数据将作为一种重要的商业发展模式，带动各行各业的发展和进步。而随着大数据在商业上的进一步应用，也将逐渐缩小中国与世界的距离，甚至在很多领域中国还有创新与领先的可能。大数据的存在将不仅仅带来一次新的变革和滚滚红利，更将带来一场思维的变革，让数据化的思考成为"直觉"的思考方式，让数据的力量和思考的力量相结合，这必将产生新的无与伦比的变革。

参与本书编写的人员还有陈龙海，在此表示感谢。

周浩

2016 年 11 月 1 日

目 录

下　篇

上 篇

第 1 章

互联网＋时代，得数据者得天下

在互联网＋时代飞速发展的今天，流行这样一句话"得数据者得天下"。互联网＋时代是一个信息定输赢的时代，大数据的存在更是互联网＋时代锻造竞争力的关键因素。不懂得运用大数据原理的企业在这场竞争中将处于不利地位。互联网＋时代是一个以数据和技术为王的时代，不管是互联网行业还是传统行业，得数据者才能得天下。

全面认识大数据

在越来越多的领域，我们听到了这样一个名词，那就是"大数据"。大数据将阿里企业又推上了一个新的高度；让沃尔玛创造了"啤酒＋尿布"的经典案例；让企业"窥探"到客户的隐秘需求，创造了一个又一个的营销神话，那么，大数据和我们的工作、生活究竟有什么关系呢？答案是息息相关。

目前针对大数据并没有标准的定义，早在 20 世纪 80 年代，美国人就提出了"大数据"这个概念。2011 年，全球著名的麦肯锡咨询公司最早提出了这一说法并做出官方说明："大数据，已经渗透到当今每一个行业和业务职能领域，成为重要的生产因素。人们对于海量数据的挖掘和运用，预示着新一波生产率增长和消费者盈余浪潮的到来。"

近日，同程旅游发布了《2016春节黄金周居民出游趋势报告》（下称《报告》），基于旅游大数据技术对2016年春节黄金周期间及节日前后居民的出游需求和预订情况进行了系统分析。得知错峰游占比77.67%，超半数人选择在除夕之前出发。

《报告》数据显示，已预订了2016年春节黄金周期间出游产品的消费者中，有77.67%选择了错峰出游，其中节前错峰出游者占比55.7%，总体的错峰出游比例相比2015年"十一"黄金周高出了近20个百分点。《报告》分析认为，相比"十一"黄金周，春节黄金周适逢传统佳节，探亲返乡客流与出游客流高度叠加，因此有更多的人主动选择了错峰出游。

具体的出游出发时间方面，在已预订了春节出游线路的消费者中，除夕之前出发的占比为55.7%，具体的出发时间分布如图1-1所示。

图1-1 2016年春节黄金周居民出游出发时间分布

由此可以看出，这就是大数据在生活应用中展现魔力的一个方面。大数据的力量来自触类旁通的关联。目前，大数据的概念纷繁复杂，媒体、网络有各种关于大数据的报道。但是真正有用的数据信息其实只是那一小部分，更有某些媒体甚至把简单的统计数据也冠上了"大数据"的头衔。其实很多人理解的大数据就是数额非常大的数字，而这种想法显然是不对的。大数据是指数量巨大、结构复杂、类型众多的数据构成的数据集合，无法在一定时间内用常规软件工具对其内容进行抓取、管理和处理。也就是说，其实大数据的真实结构比我们想象的要复杂很多。

大数据具有的四个特征如图 1-2 所示，即业内人士常说的 4V。

由此可见，数据的价值应该得到充分重视，对于那些收集并整理好的数据，哪怕当下还没有发现其价值，也应该保存下来，也许在未来的某一天，它们就是给你创造巨大财富的关键，而这就是大数据的魅力所在。

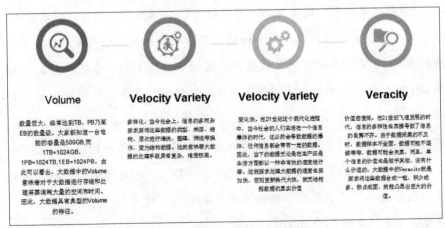

图 1-2　大数据具有的四个特征

大数据技术可应用于各行各业，人们将收集到的庞大数据进行分析整理，实现数据的有效利用。大数据的重要性已被高度认可，并且上升到了国家的层面。在 2012 年的"两会"上，大数据首次被写入政府报告，这就意味着大数据的发展已经成为国家重大经济战略。

阿里企业是大家公认的在大数据运用方面发挥到极致的企业。从阿里巴巴建立以来，大数据就是其发展的强大动力，这是因为数以千万的中小企业庞大的数据带来了巨大的市场需求，让马云拥有无限的信心，让阿里企业在发展过程中始终注重对相关数据的收集和运用，使企业终获成功。因此，企业的发展与大数据是密不可分的，亚马逊公司也一直在践行着这一件事。

精准的推荐、心跳的价格、充足的库存以及高效率的配货，在你还未下单之前，亚马逊就已使用"读心术"做出预测，为你计划好了一系列井井有条的购物体验。亚马逊作为电商巨头的鼻祖，二十几年来一直占领着电商界前几名位置，其大数据系统是当之无愧的大功臣。

"数据就是力量"，这是亚马逊的成功格言。EKN 研究的最新报告显示，80% 的电子商务巨头都认为亚马逊的数据分析成熟度远远超过同行。亚马逊利用其 20 亿用户账户的大数据，通过预测分析 140 万台服务器上的 10 亿 GB 的数据来促进销量的增长。亚马逊追踪客户在电商网站和 APP 上的一切行为，并尽可能多地收集信息。如果你关注亚马逊的"账户"部分，就能发现其强大的账户管理，这是专为收集用户数据服务的。主页上有不同的分栏部分，例如"愿望清单"、"为你推荐"、"浏览历史"、"与你浏览过的相关商品"、"购买此商品的用户也买了"等对用户行为的追踪，为用户提供卓越的个性化购物体验。

亚马逊真的有"读心术"吗？当然没有，只是亚马逊意识到大数据对企业发展具有重要作用，开始重视数据的收集和存储，并学会了挖掘和运用，为企业的发展决策以及日常的运转提供指导基础。

对于企业来说，数据就是包括企业自身在内的综合、完整、客观的信息平台，拥有了这些数据，企业才能明确自己的发展方向和目标、成功的捷径、对手的弱点，以及客户的需求。只有了解了这些信息，并以此为基础，制定企业发展的相关战略，才能让企业走上一条快速发展的通道。

大数据的发展已经渗透到我们生活和工作的方方面面，人们越来越感觉生活在一个没有秘密的世界里，大数据能帮助人们由表及里、由浅到深地去了解这个世界的人和事，把握现在，瞭望未来，这就是大数据的价值和魅力所在。

大数据是一种思维方式

大数据研究专家舍恩伯格曾经说过这样一句话："大数据时代，人们对待数据的思维方式会发生如此三个变化：第一，人们处理的数据从样本数据变成全部数据；第二，由于是全样本数据，人们不得不接受数据的混杂性，而放弃对精确性的追求；第三，通过技术对大数据的处理，人们放弃对因果关系的渴求，转而关注相关关系。"因此，从这句话可以看出，大数据时代带给我们更多的是一种新的思维方式，它不仅仅是单纯的"数据大"，更蕴含着一种计算和思维的转变。

如今，很多人都在网络上谈论大数据。但是，真正懂大数据的人却并不多。很多时候，数据并不是万能的，虽然有时结论是对的，但也不能去生搬硬套。要学会灵活使用数据技术，理智对待数据预测，避免什么都看数据的唯数据论，还要学会用数据思考的基本思维模式，这就是大数据思维的基础方式。

有人说大数据不就是数据的收集、整理与融合吗？大数据的出现绝不仅仅只是这些作用，而是带给人们思维方式的深刻转变。大数据之所以被频繁提起、重点关注、不断应用，重要的不是数据本身，而是数据与数据之间的关系，更是运用数据化思考的思维方式。

其实，在日常工作和生活中，我们欠缺的不是解决问题的方式，而是定位问题的能力。我们是否思考有没有利用数据来改变这些现状，以及如何运用大数据来重新思考问题？当这种数据化的思考成为你的本能意识时，就能够把数据的力量和思考的力量结合在一起，产生出新的无与伦比的合力，周围的一切都将因此而焕发出新的生机。

在纽约的 PRADA 旗舰店中每件衣服上都有 RFID 码。每当一位顾客拿起一件 PRADA 衣服进试衣间时，RFID 码就会被自动识别。同时，数据会传至 PRADA 总部。每一件衣服在哪个城市、哪个旗舰店、什么时间、被拿进试衣间停留多长时间等，这些数据都被存储起来并加以分析。如果某一件衣服销量很低，以前的做法是直接下架。目前有 RFID 传回的数据显示这件衣服虽然销量很低，但进试衣间的次数很多，那就能分析说明出一些问题。对这款衣服的处理方式也会截然不同，或许经过某个细节的微小改变就会重新创造出非常高的流量。

由以上案例发现企业的发展离不开大数据的支持。只有真正将大数据运用到企业的精细化运营中，才能更加有效地针对企业发展做出正确的决策。运用大数据思维帮助企业对用户进行精准分析，减少企业运营成本，提高企业的运营效率和增加转化率，从而合理地利用大数据进行相关的运营方案制定，实现企业利润最大化，真正地将大数据思维和企业的运营发展相融合，带动整个行业的飞速发展。

大数据是死的，人是活的。只有将大数据进行充分的挖掘，才能发挥其价值。大数据思维最关键的转变在于从自然思维转向智能思维，使得大数据像具有生命力一样，获得类似于"人脑"的智能。因此，海量的数据毫无章法地堆砌在一起是丝毫没有作用的，只有将其按照大数据的思维方式进行思考，才能更好地发挥其价值。

伟大的数据学家舍恩伯格曾说，"大数据开启了一个重大的时代转型。就像望远镜让我们感受到宇宙，显微镜让我们能够观测到微生物一样，大数据正在改变我们的生活以及理解世界的方式，成为新发明和新服务的源泉，而更多的改变正蓄势待发"。这就是大数据的独特魅力所在。因此，大数据在各行各业中将不仅仅只是数据，具有大数据思维方式才是更为重要的。

大数据和移动互联网发展的关系

随着移动互联网的发展，大数据已经在移动互联网中得到广泛应用。大数据的重要性也越来越凸显，移动互联网成为大数据分析的另一个重要战场。在信息文明飞速发展的时代，互联网成为这个时代的主旋律，那么移动互联网是其中的一个重要部分，有着不可忽视的地位。

电信公司广州研究院院长蔡康说："我们知道，这是移动互联网时代，更是社交网络时代，数字化生存，让人们的生活甚至工作的行为信息都数字化，而这些数字化信息构成大数据，所以这更是一个大数据时代。"因此，移动互联网的时代和大数据的发展息息相关。那么，大数据和移动互联网发展之间有什么关系呢？总结为以下几点。

1. 移动互联网的发展为大数据提供了平台

在移动互联网日益普及的今天，越来越多的人通过互联网等各种渠道收集有价值的信息，将这些独立信息收集起来集成了相关的海量数据，也就是我们简单理解的大数据。

在2016年"两会"上，政府工作报告明确指出"强化创新引领，促进大数据广泛应用"。江苏移动，早在2013年就成立了企业大数据中心团队，通过挖掘运营商内部丰富的大数据资源，帮助提高客户服务水平，近年来大数据服务的广度和深度不断拓展。"作为通信运营商，我们在做好传统的服务以外，试图通过大数据运用和分析改变我们的服务方式，因此公司在2016年提出了'一体两翼'的大数据发展战略，目前大数据已经渗透到客户服务的方方面面。"江苏移动工作人员介绍。

"据说，10年不换号的人更靠谱，在江苏省使用同一号码达10年的客户占比26%。"前不久，江苏移动对外大数据平台"智慧洞察"所发布的行业报告，引发了众多网民的关注和热议。在行业报告中，通过数据详细说明了"10年客户"拥有私家车的比例更高，经济能力也相对更好、商务人士更多，生产活动范围更广等特征。

这些详尽的数据分析，与江苏移动强大的数据处理能力密不可分。近年来，江苏移动依托企业数据中心的海量数据挖掘与处理能力，打造出的"智慧洞察平台"，越来越发挥出大数据的威力。经过对数据的梳理、过滤、统计和分析，这些大数据的应用，可以为旅游公共服务配套、市场营销、产品包装、应急管理等提供决策数据。

正是移动互联网的存在为大数据的发展提供了一定的依据。移动互联网的发展为大数据提供了很好的平台，海量的数据从移动互联网中获得。大数据和移动互联网相互依托悄然出现在我们生活、工作的各个角落。而最为重要的就是通过移动互联网平台获取大数据。

2. 大数据推动移动互联网的发展

对于很多人和企业来说，数据已成为认识和掌握最有价值信息的第一手资料。人们通过一个个枯燥而独立的数据，运用联系和整合，找到数据密切关联的因素，变成最有价值的大数据，并且真正的运用到生活和工作中，从而推动了移动互联网的发展。

如果把滴滴系统形容成一个人，大数据就是这个人的心脏。在滴滴的系统里，任何一个用户订单进入系统都会通过大数据来决策这个订单应该发给哪个司机，例如北京国家会议中心有 20 个乘客同时发出需求，周边有 30 个司机，那到底哪个订单发给哪个司机呢？背后都有非常复杂的推算算法。大数据系统先对司机以往的订单进行数据分析，有的司机只接熟悉区域的订单，有的司机频繁接距离短的订单，有的司机只接 40 元的订单，有的司机在晚上只接家附近的订单等数据信息。

通过大数据系统的数据积累发现，用户出行需求也是可以被预测的。例如北京三里屯区域每周五晚上 10 点有乘坐出租车的高峰。这些需求都是通过大数据积累挖掘分析预测的，滴滴系统可以预测未来半小时，出租车需求在哪些地方比较多、哪些地方比较少，以及出租车的分布是否合理等。如果出租车供给需求不合理，系统就给出租车司机自动发消息，告诉司机，附近有人用车，会很快出现订单。这就是滴滴打车在大数据系统标志性的应用。如果说，滴滴打车之前的所有工作是抹平信息不对称，那么现在，滴滴要用大数据来影响运力。

在过去数据存储于数据库中，很少有人去关注它，但是，这种方式已经远远不能适应现在社会发展的需要。数据对于当今社会的各行各业来说都意味着有更多机会，更多便利。人们要通过数据分析这种新的思维方式，获取有用的价值，真正做到通过大数据推动互联网＋商业运用的发展。

用友软件股份有限公司董事长王文京曾经说过："数据既可以说明过去，也可以驱动现在，更可以决定未来。"大数据是决定互联网发展的一个关键因素。通过海量数据的分析，可以解析客户的需求，找到客户最需要的产品，真正推动社会的发展。

3. 大数据和移动互联网的发展相辅相成

大数据毫无疑问引领着整个时代，只有利用好大数据，才能更好地推动移动互联网的发展；而移动互联网提供了更多更新的数据，以供大家整合和分析。因此，大数据和互联网的发展是相辅相成的。只有真正做好大数据才能更好地带动移动互联网的发展，而移动互联网的发展又提供了更多更新的数据。

去哪儿网站有一段时间推出一项新福利计划，是一种全新的机票销售模式。去哪儿网给消费者提供了一个附加信息，将客户需求的航班或者行程在能接受的价位帮助找到适合的供应商。网站建立一种信息互动模式，一端是消费者，根据历史成交数据的当前供需关系的预测进行自主出价，选择其想要的位移服务，以及想为这个服务付多少钱；另一端是供应商，根据消费者的出价和自己掌握的座位资源，选择要不要接单。这种模式可以帮助买卖双方快速完成匹配。以前，生产者要想和消费者进行一对一的议价几乎不太可能，因为成本巨大。但现在，有了这些互联网平台，这种低成本的高频互动可以变成现实。

由以上案例可以看出，把消费者和企业有效地联系起来，通过企业大数据进行有效筛选，并且运用大数据，从客户海量的消费数据中分析客户的核心需求，从而开发出更多优质的产品，更好地满足客户需求，这样不仅赢得了客户的好感，也能获得非比寻常的经济效益。

互联网改变了传统的营销方式，企业利用大数据做更精准的定向营销。在所有的这些变化中，只有一个中心点没有变，那就是消费者的需求。全球正在从"以产品为中心的营销方式"转变为"以消费者为中心的营销方式"。虽然消费者的感性导致他们的需求很难被精准预测，但有了数据技术，企业仍然可以快速捕捉变化发生的规律并加以修正，只有这样才能做到移动互联网和大数据相辅相成。

大数据决定企业的竞争力

"掌握了大数据，才能赢得营销主动权"，在大数据时代，得大数据者得天下，并且还将决定着一个企业在市场中的地位和收获，更决定了企业的未来。

越来越多的管理者开始意识到大数据对企业的重要性。事实上，大数据已经开始发挥作用，成为企业获得财富的重要要素。但是，越来越多的数据留在了市场中，而随着市场化程度越来越高，企业必须从这些海量的数据中寻找最真实和最有价值的信息，并从中发现新市场和新趋势，帮助企业制定相应的策略，为企业创造更大的价值。

2016 年 1 月 18 日，腾讯副总裁马斌在"2016 互联网 + 创新者年会"上说：

我们进入到数字星球时代，就是把线下内容搬到线上。线上所有内容全部都要数据化，全部都是数字经济，是总共 70 亿人口的数字星球。

谁抓住从线下搬到线上的机遇，谁就能成为赢家。数字化、数据化过程就是历史的进步。未来将产生 10 万亿数据，这是全国整体数据的变化。

很多互联网企业呈现出不同分工，哪些做基础设施，哪些做应用，哪些做社会层面，政府、企业与民生相融合。在万物互联的数据信息时代大数据与每一个人息息相关。互联网核心的三个规律是连接、速度和规模。没有连接、速度、规模，就不能打通线上与线下，也就不可能创造出新的奇迹，这是多少成功公司带来的思考规律。

阿尔法狗用大数据战胜人类

"阿尔法狗"（AlphaGo）是谷歌旗下 DeepMind 公司开发的一款围棋人工智能程序，曾在 2015 年 10 月以 5:0 完胜欧洲围棋冠军、职业二段选手樊麾。谷歌阿尔法狗因围棋人机大战一时成为热点话题。有社会舆论说，"拔掉电源不就战胜了这条狗？"但是，让人畏惧的并不是阿尔法狗，而是它身后隐藏的大数据帝国。那么，围棋的人机大战的本质究竟是什么呢？是阿尔法狗的每一次落子都是经过大数据分析驱动下的决定，阿尔法狗用大数据分析战胜了人类。

2016 年 3 月 16 日，围棋世界冠军李世石与 AlphaGo 的最后一盘比赛历时 5 个小时，终于在第 180 手投子认输，李世石以总比分 1:4 输给了谷歌的人工智能算法阿尔法狗。阿尔法狗用大数据战胜了人类无疑引人深思。新华社评论围棋人机大战时讲到："不怕电脑记性好，就怕其爱学习。"这无疑是一句很值得让人思考的调侃。是阿尔法狗自身的能力吗？肯定不是，是阿尔法狗拥有的大数据战胜了李世石，因此，这就是所谓的阿尔法狗用大数据战胜了人类。

2016 年 3 月 16 日，网易新闻讲了这样一个小故事来解释大数据的应用：

客户从一家五星级酒店网购传统老字号包子，店员问了派送时必知的姓名、住址和电话，具体对话内容如下。

"要鲜肉包和糖包。"

"建议您不要买这两种，因为您患有血脂、血糖、血压三高症，推荐购买由豆腐干、咸菜、精肉做馅料的咸包。"

"好的，那买 12 个咸包。"

"三口之家要这么多吗？"

"这也知道？那就少买几个。"

"根据您现在所住的位置，从包子温度、口感及车辆行驶状况分析，20 分钟后，在您回家经过的中山广场东门口交货最好。"

由这个故事我们可以看出，大数据的应用已经渗透到生活的方方面面，且发挥着巨大的作用。

在 2015 年 10 月，阿尔法狗的水平被中国棋院评价为专业 5 段水平，即职业围棋初级入门层次。但仅仅经过 150 天的时间，阿尔法狗就打败了李世石的一流 9 段水平，这已经不能用神速来形容其进步的速度。究其根本原因，是海量数据的积累和洞察，才有了如今阿尔法狗的飞速发展。因此，与其说阿尔法狗用大数据打败了人类，不如说是大数据深度运用后的巨大提升打败了人类。

在 1985 年计算机刚刚起步时，最快的计算机的运算能力只相当于人脑的万亿分之一；到了 1995 年，这一差距缩小到十亿分之一；直到 2005 年，计算机的运算能力已经进一步缩小到百万分之一。从 2012 年起，由于并行计算、大数据和先进算法取得了突破，人工智能研究开始一日千里，其中大数据发挥的作用尤为突出。谷歌技术总监 Ray Kurzweil 推测，到 2025 年，计算机将最终达到人脑的计算能力。并且还有专家预言，2040—2070 年，广义上的人工智能社会就会到来。

看到这里，可能很多人会对大数据产生的强大作用欣喜不已，但内心还有着很大的担忧，即处于大数据时代的我们，还会有自己的隐私吗？无疑，大数据的出现帮助阿尔法狗战胜了人类；大数据助力企业更好地发展；大数据渗透到生活和工作的方方面面，帮助我们解决一个又一个问题，但是又带给了我们一种强烈的不安全感。这种强烈的不安全感必须用信息安全技术和法律的规范来解决。

毫无疑问，大数据是当今社会最宝贵的财富之一，它不仅是海量数据的集合，更是经过复杂的云计算的海量资料，也是一项急剧膨胀的、飞速发展的产业。

只要源源不断地产生数据，就会加速大数据时代的到来。美国政府曾经将它比喻为未来的石油，潜力巨大、前程无量，大数据、云计算等科技发展已经触发了商业领域的管理理念、商业逻辑和业务模式上的巨变。未来将会有越来越多的基于数据管理和分析的企业诞生，形成一种新经济形态。

第 2 章

2

中国企业如何挖掘大数据

"掌握大数据，才能赢得营销主动权"这句话已成为各行各业的一致目标。大数据作为当今社会越来越重要的一部分，各个企业对它的重视程度也越来越高。企业的快速扩张和财富的迅速积累，需要依靠企业数据的收集、融合和运用。那么，在数据为王的时代，中国企业究竟该如何挖掘大数据呢？

数据从哪里来

数据究竟从何而来是很多企业都在研究的问题，其实，归根结底，数据的资料很多时候还得靠企业自己的平台来解决。

随着全球信息的飞速发展，网络已经越来越普及，越来越多的人通过网络解决生活和工作中的一些问题，也有越来越多的数据被储存在了网络中。而以网络为主要存储和传输工具的大数据成为很多企业收集、掌握和整理大数据的主要来源。

据中国互联网络信息中心发布的第 37 次报道《中国互联网络发展状况统计报告》显示，截至 2015 年 12 月，中国网民规模达 6.88 亿人，互联网普及率达到 50.3%，我国居民上网人数已过半。由此可见，互联网已渗透到家家户户、各行各业。因此，网络的存在使数据的收集更为简单。

当然，信息数据的收集单纯地依靠网络肯定是不行的，还需要企业自身的信息数据。每个企业的发展都有一定的企业文化和信息数据基础，也积累了一定的人脉和客户群，这些信息也是数据的主要来源。

在这一方面阿里巴巴是做得最好的。大家都知道淘宝、天猫、支付宝等这些阿里巴巴旗下的软件都有浏览记录的功能，还有卖家与网购有关的日志、聊天记录、信用评价、退换货记录等各种结构化和非结构化的数据，都是阿里巴巴金融数据的收集来源，并通过阿里巴巴金融大数据的数学模型对这些数据进行整理分析，为企业提供决策和发展方向的指导，并由此扩大企业的发展领域。因此，阿里巴巴一直将大数据的收集和运用当作企业发展的重要步骤。

所以，企业信息数据的来源不仅需要网络和客户与企业运营、管理相关的各种数据，而且政府、电商平台、社交网络等各种第三方的信息数据也是非常重要的大数据来源。

总而言之，一个企业的发展离不开大数据。只有知道信息数据从哪里来，才能更好地运用大数据为企业创造巨大的财富。一个企业要想获得成功，也离不开大数据，只有真正做好并用好大数据，才能更好地获得成功机会。

企业大数据的"3+1"体系

如今所有人都目睹了阿里巴巴企业的成功，但是，有谁知道阿里企业为了给客户更好的服务，是如何在海量的数据中采集、整理、分析和洞察客户的需求，最终给客户最满意的产品的？成功没有不劳而获，更何况处于这个科技飞速发展的时代，只有做到更好，才能让企业更好地立足。而大数据就成为现在企业的重中之重。硅谷大数据分析和数据科学专家张溪梦先生，根据多年工作实践经验总结出一套大数据框架。张溪梦说在这套大数据框架里，贯穿始末的不再是技术和业务，而是客户。因此，就有了的企业大数据的"3+1"体系，即将数据采集和存储平台分为采集层、预处理层和存储层，同时还有一个数据安全体系。

采集与存储平台

张溪梦先生曾经说："大数据最重要的就是数据。但数据在哪里？这是大数据框架需要弄清楚的第一个问题。"由此可以看出，在企业大数据的体系中，最基础和最重要的部分便是信息采集与存储平台。

企业大数据的基础采集与存储平台就是大家所理解的将企业的相关数据进行收集，并且将采集到的信息存储起来，这便是企业所需要的数据资产。企业大数据体系最为重要的基础部分就是信息的采集，只有将信息采集、存储，才能更好地做到整理、分析数据，以便找到最符合客户心理需求的产品。

大数据采集与存储平台一般可以分为三个层次，即数据采集层、预处理层和存储层。同时，大数据采集平台还需要一个覆盖全局的数据安全体系。

如图 2-1 所示，大数据的采集还需要对数据进行规范化整理，也就是图中的预处理层。最后，才是将整理的数据进行存储，保存下来，只有这样才能在以后或者当下的发展中为企业创造财富。

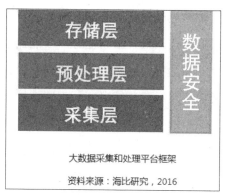

大数据采集和处理平台框架

资料来源：海比研究，2016

图 2-1　大数据采集和处理平台框架

数据的采集非常重要，是最基础的，同时也是一个复杂的工程。所以，在数据的采集中会有很多困难，比如数据来源比较多而杂乱、不能保证是第一手最新资料，并且数据的保存和存储也比较麻烦。这些问题的出现导致了采集数据必须要解决以下几方面的技术难题。

首先，无论是我们平时用的手机、电脑，还是各行各业的数据记录，都离不开智能设备的运行数据。因此，企业信息的采集主要来源就是各种智能设备的运行数据。但是，在企业的大数据采集中，智能感知显得尤为重要。尤其是智能设备中的运行记录，涉及以前各种纯粹结构化的数据采集来自不同的地方，因此，存在很多需要克服的技术型难题。

其次，社交网络、官方网站、APP 应用已经成为人们生活的一个重要内容，同时也是企业大数据采集的另一个重要来源。这种大数据在采集中，高速可靠数据抓取或采集技术、高速大数据预处理技术、视频语音等流数据的实时采集技术已经成为数据采集的另一大难点。企业要着重对这一方面进行研究和突破，才能更好地进行数据的采集与存储。

再次，数据采集之后要更好地为企业所用，就必须进行数据存储。但是，随着社会的发展，一切产品的智能化、数字化、数据量正以前所未有的速度迅猛扩张。如果没有完善的预处理存储系统或者存储方案，那么这些数据的堆砌采集是没有任何意义的。因此，大数据的索引技术，以及大数据的移动、备份、复制等技术也有待解决。

最后，如今科技飞速发展，人们极为注重隐私，因此，在大数据的采集中难免要涉及一些客户不喜欢公开的隐私问题。在这种情况下，对数据的采集会造成很大的困难。并且客户的隐私是应该被尊重的，企业必须具有涉及保护客户的隐私与数据安全的技术。所以，在数据的采集与存储中，必须要解决这两个问题，才能更方便地采集数据。

数据的信息与采集平台是企业大数据体系框架的基础，企业只有加强对这方面的重视，不断完善数据的采集与存储，才能更好地进行信息的采集，为企业的未来创造巨大的财富，在当今社会拥有一席之地。

分析与挖掘平台

在企业大数据体系中，数据采集与存储后，就需要进行数据的分析和挖掘。因此，当企业对采集的数据进行分析时最好用文字、多媒体等形式，在此基础上进一步操作的数据挖掘、人工智能等就是数据分析与挖掘平台的主要内容。但是，很多中小型企业却没有自己的信息分析和挖掘平台，这时可以租用第三方的专业数据平台对数据进行分析，但企业要有自己的洞察力、决策力和行动力。

虽然数据的采集是企业大数据体系的基础，但仅仅拥有这些海量的数据是没有任何意义的，企业务必要做到对数据的分析与挖掘。因此，数据分析才是大数据收集存在的最大意义，这样才能真正找到客户的需求，做到让大数据为企业创造利润。而通俗来讲数据的分析和挖掘，就是从海量的数据中提取出隐含在其中的、有潜在作用的信息和知识的过程。数据挖掘包含的知识内容，如图 2-2 所示。

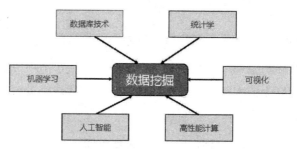

图 2-2　数据挖掘包含的知识内容

　　数据的分析和挖掘是在这个信息爆炸的社会中淘金的过程。随着人们越来越重视大数据的发展，数据库中存储的数据也在急剧膨胀。但是数据越多并不代表数据的价值就越高，相反，要是没有好的技术方法去发现和挖掘，数据库也会成为数据的坟墓。数据的分析和挖掘就实现了从商业数据到商业信息化的过程，也实现了"沙漠"淘金的过程。如图 2-3 所示为数据挖掘的流程。

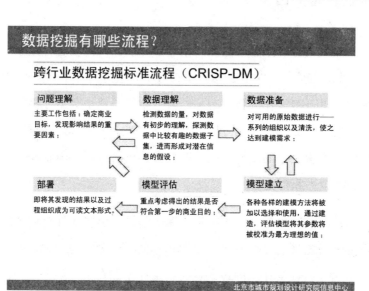

图 2-3　数据挖掘的流程

企业大数据体系下的数据分析和挖掘究竟有什么方法呢？相信这已经是各行各业都比较好奇的问题。其实，只需要做到以下几种方法。

1. 分类法

海量的数据堆积在一起，要想从中找到有关联且没有被人发现的信息，首先要学会将海量的数据进行分类。从已经收集到的数据中进行一个简单的分类，然后将分类好的数据进行筛选、整理，从中发现所需的有用信息。

2. 聚类法

聚类法就是将数据分组成为多个类，在同类对象之间有着较高的相似度，而不同类之间的对象相差较大。在大数据中要想深入分析和挖掘数据，聚类法是必不可少的一种方法。聚类法就是要求将数据进行分类化和层次化，从而方便数据分析和挖掘。

3. 预测法

预测法，顾名思义就是将已有的数据和知识用于对未知变量的预言。当然，这种预言其目的是对未来未知变量的预测。但这种预测需要时间的考验，只有经过一段时间的验证，才能知道其准确性。

4. 关联

在企业大数据体系框架下，最为关键的一部分就是关联。下面，大家先看这样一个案例：

陈先生想在某图书网站购买一本《数字化生存》的书籍，当他搜索出来这本书时，在网站页面左侧有很多提示内容，如图 2-4 所示。

其实这就是数据分析和挖掘中关联的经典案例。关联反映一个事物与其他事物之间的相互依存性和关联性。如果两个或者多个事物之间存在关联关系，那么其中一个事物就能通过其他事物来预测，这就是关联原则。

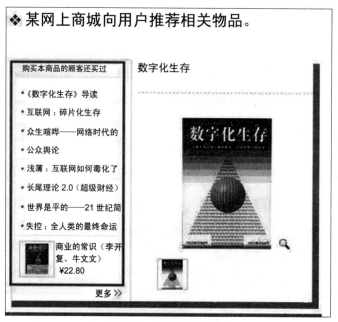

图 2-4 页面提示内容

在我们生活中，这种关联原则的例子比比皆是。比如在超市购物的时候，发现相同类型的东西都放在一起，甚至看似毫无关联的东西却有着隐含的联系，美国超市"啤酒加尿布"不就是典型的代表吗？因此，数据的分析和挖掘必须学会如何关联。

洞察与决策平台

在市场经济体制下，没有哪家企业能够完全立于不败之地，而在这个时候，企业的洞察和决策水平就是企业大数据体系下的一个重要部分，洞察与决策平台的主要作用是利用大数据分析的结果产生对企业发展的洞察、决策，以及做出与之对应的行动等。

数据是一个海量的世界，要想在这个世界里发现新市场，就需要从蛛丝马迹中抓住新市场的存在元素。发现这些新元素就需要有一个强大的洞察和决策平台，才能准确把握新市场的发展趋势，形成正确清晰的判断。

张溪梦曾经说过："大数据框架，最终应该着眼于帮助企业为自己的客户提供价值。不能仅局限于技术本身，只有很好地实现了洞察、决策、行动，最终才能真正实现大数据的价值，并通过大数据提升公司效率和业务增长的目的。"这就是企业大数据体系下的洞察和决策平台。其实，具有洞察力的应用是帮助企业高效探究大数据的关键，不仅可以提高决策效率，还能为企业解决一些重大问题。那么，企业如何做到让数据更加具有洞察力呢？

1. 差异的对比很重要，但是更重要的是对比趋势

在日常生活中，大家在对比两个事物时会习惯性地对它们进行差异对比，但是要想真正地让数据具有洞察力，就必须进行数据阶段性的趋势对比，只有这样，才能使数据更为准确地预测用户的行为和习惯，从而更好地为企业的决策提供强大的支持力。通常趋势对比是把数据导入表格处理软件 Excel 中，通过透视表对数据中的趋势进行对比，并在分析中加入一些统计指标，从而更为精确地进行数据的分析，有效提高企业的洞察力。

2. 在深入分析数据的异常之后形成结论

有这样一个事例：

曾经有一位同事对一次网站活动的表现非常担忧，因为自从这个活动上线后，网站人气指标连续 8 周下降。深入分析发现这是一个针对返校的

活动（国外大部分大学每学年为 3 个学期，开学时间分别是 8 月、1 月、5 月），而上线时间正赶上感恩节（感恩节是在每年 11 月的第 4 个星期四）。

由以上案例可以看出，数据分析不能盲目下定论，要充分考虑各个因素，深入分析数据之后再形成结论。"狼来了"的故事相信大家都耳熟能详，这个故事在进行企业数据分析的时候同样适用。

3. 对数据细分是更深入分析的基础

深入分析才能更好地判断结论，那么要想做到深入分析，就要做到将数据细分。数据行业有一句话为"无细分，吾宁死"。这句话明确地告诉我们要学会对数据细分，才能更加具有洞察力。不放过任何蛛丝马迹，才能更好地为细分数据做出决策。发现细分数据变化的关键因素可能要花费企业 90% 的精力和时间。但是，找到了关键点就能快速找到影响未来趋势变化共享行为的特征。

4. 与现实生活联系在一起，做到现实化

数据分析要与现实生活联系，找到客户的关注需求点，才能更好地为企业发展创造机会。因此，数据分析必须做到贴合人们的关注点，一切的决策都是为执行而服务的，空头支票没有丝毫的意义。洞察与决策平台要求数据分析要做到与现实生活联系在一起，找到真正符合市场规律的客户需求点，并以此服务于人民。

大数据体系下的洞察与决策平台的建立是为企业找到精准市场需求的一个重要环节。大数据的框架应该着重帮助企业为自己的客户提供有价值的信息，而不能仅局限于数据处理技术本身，将分析整合之后的大数据，输出传送给企业的管理者和相关人员，输出具有洞察力的发现，并且根据这些发现提供决策建议、行动建议，最终为企业实现价值，满足客户需求。

数据安全平台

数据的安全问题是重中之重的问题。数据安全平台负责确保数据的安全性，保证企业的数据资产不遭受损失，比如，数据不丢失、不损坏、不被窃取、不被篡改等。只有这样，才能更好地创建企业大数据体系的"3+1"平台。

随着越来越多各式各样的数据被存储在大数据系统中，任何数据的破坏对企业来说都是毁灭性的，从侵犯隐私到监管违规，有时甚至会造成对公司品牌的破坏并最终影响到股东收益。因此，搭建数据安全平台系统是企业迫在眉睫的问题，那么，究竟如何搭建企业数据安全平台呢？一个完整的企业级安全框架应包括以下 5 个部分。

（1）Administration：大数据集群系统的集中式管理，设定全局一致的安全策略。

（2）Authentication：对用户和系统的认证。

（3）Authorization：授权个人用户和组对数据的访问权限。

（4）Audit：维护数据访问的日志记录。

（5）Data Protection：数据脱敏和加密以达到保护数据的目的。

组建企业数据安全平台要能够提供覆盖以上五个部分的企业级安全基础设施，其中任何部分的缺失都可能导致整个系统的安全性风险，造成企业大数据体系的功亏一篑。

在阿里云安全生态市场中，用户会发现越来越多熟悉的安全厂商在不断推出相应的云安全产品，包括深信服、Array、安恒、山石等。其中国内知名的应用层网络设备供应商深信服公司早在 2014 年就投入大量资源研发安全产品的云端形态。深信服产品总监殷浩透露,秉承着为用户持续输送安全能力的理念,希望能通过提供 SSL VPN 和下一代防火墙 NGAF 等多款产品,保障用户的混合云互联及云端业务系统的安全防护。

为更好地满足用户不同安全的需求,深信服结合自身的云产品,还推出了全面的云安全解决方案,有效保障用户私有云、公有云、混合云等多种云场景下的网络和业务的安全可靠性需求,帮助用户的 IT 架构能够快速迁移到云端。

数据安全平台的搭建是一个企业大数据体系的重要方面,只有企业数据的安全得以保证,才能更好地利用数据为企业创造更多的财富。试想,假如安全得不到保证,企业如何研究新产品供客户选择呢?因此,要想企业在市场运营中掌握主动权,就必须重视企业安全体系的搭建,以便更好地在市场竞争中掌握主动权。

企业大数据"3+1"体系的构成是缺一不可的。只有真正做到数据的采集与存储,进而做到数据分析与挖掘、洞察与决策,同时必须重视数据安全平台的搭建,才能建立好企业的大数据体系,为企业的发展创造无限的利润商机。

企业挖掘数据的方法

任何事情都是思想指挥行动。如今数据已经不仅仅是一种工具和资源,更是一种全新的行动纲领。因此,对于企业来说,需要真刀真枪地学会数据挖掘分析,实现数据的华丽变身。

客户端数据分析工具

大数据之所有成为决定企业成败的关键因素，其最大价值不是数据，而是如何从数据中找到关键因素。梦芭莎集团董事长曾经说过："企业要做好大数据，必须要学会数据分析，深挖大数据的隐藏含义。"因此一个企业的成功离不开对数据的分析。初始数据只能反映个别现象，而数据分析之后的营销数据反映的则是这个现象背后的本质。那么，进行数据分析有哪些工具呢？

1. 数说立方

在客户端的数据分析工具中，数说立方是重要工具之一。其最重要的特点就是配备百亿级社交数据库，同时支持全网公开数据的实时抓取，从源头数据端解决分析师难点。实现数据处理的功能，并且从数据源、数据分析到数据展示完成都有着完整的数据解决方案，实现了数据可视化搜索引擎。

当然，数说立方是功能完善、集数据处理于一体的数据分析平台，不仅实现了与自身产品"数说聚合"的无缝接入，并且支持定向抓取微信、微博等数据，还做到了可视化视图展现、友好的客户感知页面，支持SAAS和私有化部署，权限管理，是客户端数据分析的重要工具。

2. Hadoop

相信大家对 Hadoop 都有所了解，这是一个能够对海量数据进行分布式处理的软件框架。并且具有高可靠性、高扩展性、高效性、高容错性、低成本的优感。只有将数据导入 Hadoop 系统进行分析，才能真正让数据发挥其价值。而 Hadoop 也成为分析大数据的领先平台。

3. 统计分析软件

统计分析软件是客户数据分析工具中最常用的，主要包括指标对比分析法、分组分析法、时间数列及动态分析法、指数分析法、平衡分析法、综合评价分析、景气分析、预测分析 8 种分析方法。每一种分析方法都是当今社会数据分析必不可少的内容。

以上是客户端数据分析工具的部分介绍，数据的收集与整理固然重要，但是要想使大数据对企业的发展起到决定性的作用，就必须进行数据分析。只有这样，才能在海量的数据中提取有价值的信息，让企业更容易找准客户的需求方向，通过企业营销等手段，最终实现利润的增长。

客户端数据挖掘工具

数据挖掘，顾名思义，就是在海量的数据中找到有价值的数据，为企业经营决策提供依据。当前数据的挖掘处理技术已经取得突破性进展。许多数据挖掘工具被人们所熟知，这样大大降低了数据挖掘的技术门槛。因此，企业要想利用大数据就要学会数据挖掘，要想学会数据挖掘，就要掌握客户端数据挖掘工具。下面简单介绍一些常用的客户端数据挖掘工具。

1. Excel

相信大家对 Excel 都不陌生，很多人在工作中都会用到这个软件。但是严格来说，Excel 其实并不是一款数据挖掘软件，只是一个集丰富的数据分析、数据挖掘、预测分析等功能为一体的工具，在人们日常生活中得到了广泛的应用。在数据挖掘方面，庞大的数据分析必须采用一目了然的方式进行对比分析，而不是毫无规则地堆积在一起，这种数据的存在只能是无效数据。因此，Excel 因具有强大的数据处理能力成为数据挖掘的首选工具。

2. SPSS

SPSS 是客户端数据挖掘最早的统计分析软件之一。它的特点是具备数据管理、统计分析、预测分析和决策支持等功能，因其复杂性决定了它是专业数据分析人士的常用软件之一。因此，SPSS 不仅操作界面友好，输出结果美观，而且能够以 Windows 视窗展示各种管理和分析数据，是强大的客户端挖掘工具之一。

3. 神策分析

神策分析这款经典的数据挖掘工具，有着完整的使用文档，甚至每个模块都有详细的使用说明以及示例，但仅仅专注于用户行为数据分析，是初级企业进行数据挖掘的必备工具之一。而且最为关键的是它不仅仅支持私有部署和任意维度的交叉分析，还能帮助企业搭建专属的数据仓库。神策平台目前提供事件分析、漏斗分析、留存分析、数据管理等功能，未来预计会增加用户人群分析、推送和异常维度组合挖掘等。

当然，除了以上几种常见的数据挖掘工具以外，被大家熟知还有 RepidMiner、Orange、LibSVM 等，这些都是客户端数据挖掘的主要工具。新型市场从哪里来？从数据中发现和挖掘。大数据的本质就是还原客户的真实需求，通过海量的数据，提取有价值的信息并进一步分析和挖掘，为企业未来的发展创造无限的财富商机。

数据存储——数据库系统

大家应该相信，在企业的发展历程中，有时候数据决定着企业的成败。在大数据时代趋势下，数据并不仅仅是采集、整理，还要懂得数据的存储。数据能产生价值和财富已经成为不可争论的事实，只有运用正确的方式看待数据，同时做好数据存储工作，才能在未来利用它造福企业和社会。

将数据库系统运用得最好的，无疑是在大数据方面做到翘楚的阿里巴巴集团。从 2011 年开始，阿里巴巴集团已经从数据存储运营到运营数据发展，形成了一个良性的循环——从数据化运营的内三板斧"混、通、晒"走到了运营数据的外三板斧"存、管、用"。

数据库系统在企业的发展中可以保持数据的独立性，而且还可保证数据的安全性。阿里巴巴旗下子公司阿里云就是数据库存储的一个经典案例。

阿里巴巴集团是将大数据运用得最好的企业之一，这些成就绝对少不了阿里集团子公司阿里云的贡献。在大数据的发展历程中，阿里云从一个阿里巴巴独占的技术逐渐转变成面向全社会的公共服务项目。阿里云其中一项对外业务是开放式的存储服务，任何企业和个人都可以在缴纳费用之后，使用阿里云来保存和提取自己的数据，这一业务的开展无比方便地帮助了很多中小企业和个人的数据存储。

数据库的存在无疑为企业和个人的数据保存提供了更好的方式。数据库系统包括如图 2-5 所示的所有内容。

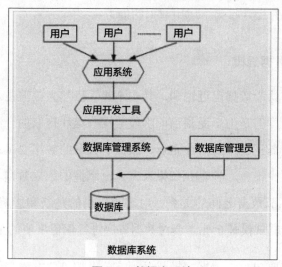

图 2-5　数据库系统

　　数据库系统有着典型的数据化结构，并且数据的共享性、独立性较好，数据存储粒度小。数据管理系统能为用户提供方便友好的接口特点不仅可以减少冗杂数据，还可以达到数据共享性高的性能。数据库系统不仅保证了数据的独立性，更增强了数据安全性和完整性的保护，可以防止对数据的非法存取，并且实施采用了一系列安全措施，保证数据破坏后的可恢复性。

企业要学会对数据资产进行保值增值

　　在如今这个信息爆炸的大数据时代，无数的信息扑面而来，随着越来越多的企业开始重视数据的作用，学会对数据资产进行保值增值已势在必行。大数据之父维克托·迈尔·舍恩伯格在《大数据时代》说："虽然数据还没有被列入企业的资产负债表，但这只是一个时间问题而已。"因此，企业如何学会对数据资产进行保值增值，就需要做到扩大数据规模、提高数据灵活性、并提升收集、运用数据的能力。

1. 扩大数据规模

很多人都认为数据已近饱和，其实不然。虽然大数据技术层面的应用可以无限发展，但是由于受到当前阶段数据收集和提取的合法性、隐私性方面的限制，真正应用到商业企业、服务于大家的数据要比理论上采集和处理的数据要少很多。各企业如果只有自己掌握的独立数据，则很难了解产业链各个环节数据之间的关系，对客户做出的判断和影响也十分有限。所以，扩大数据规模是企业学会对数据资产进行保值增值的重要前提。

一方面，要想扩大数据规模就必须充分发挥"朋友圈"的优势。充分发挥大数据生态圈中各企业的协同效应，搭建起数据交换机制，才能更好地扩大数据规模。数据规模的扩大不是一家企业可以做到的，而是需要各个企业的共同配合，共同并积极组建数据交换平台，才能更好地扩大数据规模。

另一方面，扩大数据规模必须做到信息共享，但在信息共享时又不可丢掉自己的竞争优势。虽然数据有时决定着企业的成败，但是，很多共享数据的企业之间的竞合关系也同时存在，企业在共享数据之前需要权衡利弊，避免在共享数据的同时丢失竞争优势。

2. 提高数据灵活性

数据资产之所以被众多企业共同关注，是因为某些数据和企业资产划上了等号。既然数据可以和资产划上等号，那就说明数据具备资产的属性，那么企业学会对数据资产的增值保值就势在必行。但是，大数据的一个重要特征就是类型多和价值密度低，因此，提高数据的灵活性是企业对数据资产的增值保值的重要方法。

提高数据灵活性的重要方法就是数据的拥有者共同建立核心业务需求的数据之间的关联关系，提高那些从不同来源获取的结构化与非结构化数据的活性。只有这样才能提高数据灵活性，将数据资产进行增值保值。

2014 年"万圣节"期间，上海大悦城举办了一次主题为"鬼屋"的营销活动。大悦城希望借助这次活动提高有效会员（但并非忠诚会员）的粘合度，他们通过客户偏好分析将这些会员感兴趣的品牌作为积分兑换目标以拉动会员。于是，大悦城针对这部分顾客群体进行"画像"：一是女性，她们对购物更感兴趣且带来男性客户；二是最近一个月没有在大悦城的购物记录，但历史上在此有过购物记录的客户。

上海大悦城通过数据分析，将活动信息发给 12 万会员中符合其目标受众的 1824 人，最后实际产生兑换的人数为 128 人，参与率为 7%——而同行业同类促销活动的参与率仅为 1%。

这是一次针对部分会员的精准营销。通俗地讲，这就是垂钓者"定向投饵"与"随机撒网"的本质区别。上海大悦城副总经理危建平总结说，这样的定向促销活动，不仅节约了营销成本，更重要的是不至于为了几百个人的有效消费，而牺牲十几万人的购物体验。

据了解，那次活动的会员拉动率超过 12%，也反映出大悦城用大数据分析关于消费者研究方面的不断探索。危建平还说："我们对消费者进行全方位的分析，比如他们的消费行为、购物偏好以及经常出入的场合。对于每一位大悦城消费者，我们通过贴标签的方式为其'画像'，标签越丰富，画像便越具体。"

提高数据的灵活性最重要的就是精准营销，由以上案例看出，只有真正建立起统一的用户识别标识，才能把众多环节收集的数据整合到一起，更加全面地了解用户，为企业的数据资产增值保值。

3. 提升收集、运用数据的能力

企业学会了数据资产的增值保值的前提和方法，那么，提升收集、运用数据的能力就是数据资产保值增值的重要应用。科学技术的飞速发展，对数据的处理提出了更高的要求，传统的数据处理流程明显不能满足业务发展需要，因此，提高数据处理的速度势在必行。

在 2012 年福建移动通过 10085 客服平台一直主动为潜在用户提供 4G 终端介绍、购买、使用等服务，促进 2G 用户平滑转网 4G。为进一步提升外呼成功率，从 2014 年年初，福建移动就联合华为公司开展基于大数据的精准营销工作，采用大数据分析的方法选择外呼目标价值用户。基于大数据分析方法和传统外呼方法分别提供 20 万目标客户清单，在前台无感知下进行对比验证，确保对比效果不受人为因素影响，经过外呼验证，基于大数据的分析方法相较传统方法的外呼成功率提升 50% 以上，有效支撑了福建移动 4G 用户发展战略。

福建移动拥有超过 3000 万客户的相关数据，如何将这些数据转化为有效信息从而指导精确外呼营销？这与华为基于大数据领域的长期积累，并对福建移动外呼系统进行了大数据系统化改造分不开。

从 B（Business）域、O（Operation）域各类原始数据，构建"外呼推荐标签"、"4G 倾向标签"，再通过标签组合支撑从 3000 多万用户中选取 4G 外呼营销目标用户。基于华为大数据分析平台，通过业务建模方法将底层数据转化为具备业务价值的中间层数据，采用了效果接近最复杂算法的简单算法，高效并易行，并且功能上具有完备性和通用性，易于支撑各类应用场景。

由以上案例可以看出福建移动把握时代机遇，选择联合华为公司进行精准化营销，真正将大数据分析应用到企业中去，构建了完整的数据化运用体系，从而更好地通过服务用户获得大数据，提升企业的各项运营效率，促进企业的发展，实现公司发展的正能量循环。

福建移动在 2015 年将大数据运用到极致，尤其是在福建省内的应用，更是发挥了数据收集、运用的最大作用，将数据资产发挥到了最大化。要学会将数据资产保值增值就必须提高数据的收集、运用能力，活用数据技术，让企业掌握数据主权，把数据技术作为企业数据资产增值保值的主要标准的新模式。

第 3 章

与大数据息息相关的重要关键词

大数据，一个在当今社会被大家无数次提起的名词。在网络、工作，甚至于日常生活中，都有着数据的身影。正是因为数据的存在才有了如今的大数据时代。但是，大数据仅仅只包括数据吗？肯定不是，大数据时代是我们当代人对数据的一种总称，不仅包括数据，还包括数据衍生的互联网思维、云计算、物联网、O2O营销、人工智能等与其息息相关的一些关键词。

互联网思维

很多人对市场、用户、产品、企业价值链乃至对整个商业生态进行重新审视，而这种思维方式被现在很多人统称为互联网思维。可是互联网思维究竟带给我们的到底是什么呢？对我们的工作、生活有什么影响？下面我们简单了解一下大数据时代下的互联网思维。

首先，大家先看"三只松鼠"案例，在 2015 年的天猫"双 11"中，"三只松鼠"无疑是一个大赢家，成交额达 2.51 亿元。

"三只松鼠"是由安徽三只松鼠电子商务有限公司于 2012 年强力推出的第一个互联网森林食品品牌，它代表着天然、新鲜以及非过度加工。仅仅上线 65 天，其销售量就在淘宝、天猫坚果行业跃居第一名，在花茶行业跃居前十名，其发展速度之快创造了中国电子商务历史上的一个奇迹。

在 2012 年天猫"双 11"大促中，刚刚成立 4 个多月的"三只松鼠"当日成交额近 800 万元，一举夺得坚果零食类冠军宝座，并且在约定时间内成功发完 10 万笔订单的货物，创造了中国互联网食品销售历史的奇迹。2013 年 1 月份的单月业绩突破 2000 万元，轻松跃居坚果行业的全网第一。2015 "双 11"全球狂欢节落下帷幕，天猫销售总额达到 912.17 亿元其中"三只松鼠"的销售额为 2.51 亿元。

互联网极大地缩短了厂商和消费者之间的距离与环节，"三只松鼠"企业定位于做"互联网顾客体验的第一品牌"，产品体验是顾客体验的核心，并且互联网的点对点销售可以让产品更新鲜、更快捷地到达顾客手中，这就是"三只松鼠"坚持做"互联网顾客体验的第一品牌"和"只做互联网销售"的原因。

"三只松鼠"的成功不是偶然的，而是顺应了时代的潮流。当然也借助了"东风"，"双 11"的噱头给"三只松鼠"提供了很好的平台，也凭借了企业自身对客户的了解和成功准确的互联网营销定位。这是一个成功的互联网营销思维。很多时候，互联网思维其实就是大家所说的互联网营销。

一切互联网思维都是为了营销而服务。互联网思维很多时候要求与时俱进，跟随时代潮流。把握互联网飞速发展的时机，并且真正掌握大数据，理解互联网思维是什么，才能更好地在这个时代中找到适合自己的新型商业模式，促进企业的高速发展。

其实，互联网思维的时代标志就是大数据的在线模式。这种新的思维方式已经渗透到我们生活中的方方面面。只有通过数据分析、挖掘找到客户的需求，才能准确定位，顺应时代的潮流，让数据与互联网思维结合在一起，真正参与到营销决策中去，企业将有机会在大数据时代占据有利地位。

当前第一家以航天命名的上市公司——航天机电已形成新能源光伏、高端汽配和新材料应用三大产业格局，那么在互联网思维逐步渗透到各行各业的今天，航天机电将如何应对新思维下的机遇与挑战？"我觉得光伏行业和互联网联系是非常紧密的。我们在布局分布式的电商平台，并成立了专门的部门。"航天机电董事兼总经理徐杰在首届中国（上海）上市公司企业社会责任峰会系列活动的全媒体大型访谈上如此向记者诠释。

布局电商平台，在徐杰看来，"互联网＋"的概念是每个企业都要面对的。"德国的工业4.0提出也是基于互联网思维，企业不改变必然就会落后。我觉得光伏行业和互联网的联系是非常紧密的。现在讨论更多的是能源互联网，但是我觉得这个概念不是一个企业可以做的，需要共享大数据的电网，包括智能电网和分布式电网共同去实现。我们现在建设的光伏电站，利用互联网功能密切监控它的发电量和运营状态。"

徐杰介绍，航天机电已建成700MW电站发电，并通过互联网监控其发电量，数据都是实时采集，包括每一个设备的运行状态。2016年航天机电在甘肃建立运维中心，在西安建立软件中心和数据中心，进一步提升电站的运维管理水平。

不仅如此，航天机电为布局分布式的电商平台，成立了专门的部门。"只有走进百姓家庭，光伏产业才能真正繁荣，但这可能需要较长的时间"徐杰表示。

　　互联网思维的发展远远超出我们所预料，航天机电的成功也不仅仅是偶然。互联网思维已经渗透到各行各业。互联网思维加上大数据，不仅改变着我们的生活，还逐渐改变世界。正如互联网思维所倡导的那样，互联网时代的思考方式，已经不局限在互联网产品、互联网企业，而是泛互联网，因为未来的网络形态一定是跨越各种终端设备的。

云计算

　　云计算的出现顺应了移动互联网的发展趋势。云计算就是基于互联网的相关服务的增加、使用和交付模式，通过互联网来提供动态易扩展且经常是虚拟化的资源。随着大数据处理需求的不断增加，云计算技术的应用也在不断深入。

　　云计算不仅可以用较低成本和较高性能解决海量信息的计算和存储的问题，更可以实现资源的共享。云计算的推行不仅在于推动 IT 变革，更在于实现企业业务模式、行业甚至区域经济的变革。最为重要的是云计算已经成为国家的重点发展战略，这说明云计算的发展已经成为不可阻挡的时代潮流。

　　2016 年 3 月 29 日，2016 中国通信行业云计算峰会（第七届）在京开幕。以"新常态云动力"为主题，围绕云计算与大数据的发展、SDN/NFV 在云计算中的应用、中国通信行业开源与 OpenStack、云计算与开放数据中心发展、云计算相关业务许可政策变化等热点话题展开集中讨论。

　　工业信息化部信息通信发展司副司长陈家春在致辞中指出，2015 年以来，我国出台了一系列推动云计算发展的政策措施，从 2015 年年初国务院印发的《关于促进云计算创新发展培育信息产业新业态的意见》，到之后发布的"大数据行动纲要"、"中国制造2025"、"互联网＋行动计划"等都把云计算作为优先发展的方向。2016年全国"两会"发布的政府工作报告也明确提出了"十三五"期间要加快促进大数据、云计算、物联网的广泛应用。据中国信息通信研究院的调查，2015年，我国公共云服务市场规模突破了100亿元，其中IaaS市场总收入超过40亿元，同比增长超过60%。总的来看，我国云计算的发展取得了可喜的进步，云计算产业已经具备了较好的基础。

人民邮电报社总编辑武锁宁表示，2016年是我国"十三五"规划的启动之年，也是我国"大数据战略"和"云计算创新发展重大工程"的启动之年，我国云计算发展处在一个重要的时刻。回顾"十二五"，我国云计算创新发展走过了不平凡的历程。这五年，我国云计算创新经历了从"风起云涌"到"云起云落"，又从"云起云落"到"云落云起"，最终形成"祥云万里"的格局，为云计算的持续创新发展奠定了重要基础。展望"十三五"，驱动云计算发展的动力更加强劲：一方面，随着我国"互联网＋行动计划"的启动和流媒体需求的高速发展，云计算的应用需求不仅持续增长，而且不断升级；另一方面，我国政府对云计算创新发展的驱动力度进一步加大，高屋建瓴的规划为我国云计算和大数据的发展，铺开了一张激动人心的画布和蓝图。

不同的云计算部署均可为企业带来不同的云计算价值，从IT到DT时代，数据和云计算已经成为万物互联的枢纽及支撑。

说到这里又不得不提阿里集团，阿里巴巴一直是大数据和移动互联网行业的翘楚。而云计算更是阿里的一个重点发展项目。在2016年访谈中电云集创始人及首席执行官甘华杰曾表示：

抓住上下游资源比较重要。用户、计算、存储资源集中化是一种趋势，阿里巴巴拥有庞大的个人及企业用户资源，技术领域也是互联网企业中的佼佼者，他们在计算存储资源云化过程中，能发挥巨大的作用。因此，我们一直跟资源较多的大型云计算平台合作，跟阿里云保持紧密关系，并且是第一批入驻阿里云云市场的服务商。DT 时代将随之而来，带来了诸多的用户使用体验问题，我们将利用多年的网络、应用系统运维经验，协助用户上云平台。

云市场给用户提供了运维服务能力的环境，在用户需要服务商介入解决疑难杂症的时候，在云市场能够快速匹配并找到最优的解决方案服务商。官方也会经常不定期地开展活动推广，以此极大地激发潜在的市场服务需求，让用户养成有问题就找服务商的习惯，从而提高网络或系统平台故障处理的效率，也能快速从问题中找到答案。至此中电云集已向用户提供 3 万余次的代运维服务，并且直接提供了 9 万多次的镜像服务，间接服务用户数量近 3 万余人，使该市场价值得到充分体现。

由以上案例可以看出，云计算的出现一直享受着无尽的赞美声，低成本、简单、灵活、易于访问等好处都加快了云计算技术的应用。但是，云计算技术存在的安全问题也应值得注意，要学会正确看待云计算技术的优点与缺点。

大数据的出现无异于一头凶猛的野兽，各行各业都在寻求"驯服"大数据的方法。但是，在以前传统的 IT 环境下，企业在面对大数据时感到非常困难，面临着许多挑战，而云计算的出现却让这些问题迎刃而解。云计算可以以私有、共有、社区或混合云等多种形式部署，让企业有足够的选择，最终做出最适合企业需求的选择。

当然，随着云计算的不断发展，不得不说云计算是属于"得寸进尺"

型的技术。云计算似乎有一种无法阻挡的魔力在不知不觉中渗透到企业中，而且给企业提供积极的正能量。当然，也有一定的负能量，那就是企业积极适应新环境与新技术的阻力。当企业习惯于遵循传统的程序和惯例时，云计算却吸引着企业做出大跨跃、大变革。从这一点来看，云计算确实是一个令人生畏的概念。

物联网

"扫二维码"、"扫条形码"等名词在当今社会广泛流行，其实这就是我们所说的简单物联网。真正的物联网是在计算机互联网的基础上，利用无线数据通信等技术，构造一个覆盖世界上万事万物的"Internet of Things"。物联网已经成为一个推动世界飞速发展的"重要生产力"。在物联网这个特有的网络里，物与物之间是可以彼此进行交流的，其实物联网的实质就是通过计算机互联网实现物品的自动识别和信息的互联与共享。

在 2015 年瑞士达沃斯世界经济论坛上，谷歌董事长艾瑞克·史密特曾经大胆宣言："未来世界互联网将消失，物联网将无所不能"。其实，物联网真的无所不能吗？不能说得这样绝对，只是，在未来的世界中，物联网绝对是要占据一席之地的。只要有物品、有主要的数据，物联网就能实现任何物体、任何人、任何时间、任何地点的智能化识别，信息的交换与管理。这也是物联网"智慧"和"泛在网络"的含义。

其实，物联网在我们日常生活中已经得到了广泛的应用：

远在千里之外的老人在家晕倒，她挂着的拐杖立刻向在外工作的儿女发出求救信号，收到信号的儿女能够立刻采取营救措施。

当冰箱里存储的食品缺少或者快到保质期时，冰箱自动提示用户相关信息，用户可以通过冰箱自带的购买界面订购所需食品，这样用户足不出户就更新了食品。

农田里的庄稼缺水时，现代农民们也不用亲自去查看，因为田地里安装的传感器已经将这一信息收集，连接的水龙头将自动开启，提供适量的水浇灌农作物。

由以上实际生活中的案例大家可以看出，物联网不仅能够促进企业的发展，而且在生活中得到了广泛的应用，物联网为人们提供了感知世界的能力，受到了各界人士的高度重视，成为继计算机、互联网之后人类技术革新的新突破。

2015 年 6 月 24 日，南开大学教授吴功宜以"从互联网到物联网：机遇 OR 风险"为主题在腾讯思享会论坛上做了一场演讲，他在回答"您觉得物联网未来会在哪些领域发力？"这个问题时说到：

"物联网在医疗领域肯定是要首先做的，电力方面国家要投很多钱做，交通和环境领域不做是不行的，还有智能家居领域、安保领域。以前我认为农业领域前景不太乐观，但到华北、华东、东北地区考察发现，尤其是东北地区的农业应用做得朝气蓬勃、一片繁荣景象，将物联网广泛应用到了农业领域。例如，把物联网的节点传感器放在各个农作物生长的地方，土壤的干湿度是否适合农作物生长信息得到及时反映，当信息传递反馈后，该浇水就自动浇水，实现了精准农业。"

尽管物联网已经被人们所逐渐熟知，但不得不承认物联网仍然处于起步阶段。还没有哪家企业可以垄断物联网市场，这样就为企业在未来的发展中留下了更广阔的开拓空间。

在大数据时代下，物联网的发展离不开大数据的支持。物联网利用互联网把现实中的物品通过传感器连接起来，在这个基础上会产生大量的数据，而把这些数据汇总在一起就是常说的大数据。而这些数据经过大数据技术和云计算技术进行分析、挖掘就会得出有价值的稀缺性、多样性的结论，进一步指导企业或个人做出精准决策，这就是物联网中的大数据。

物联网发展中最为重要的是物流和生产领域。很多时候，物流企业都是通过扫码电子标签来获取信息。而扫码获取物流信息是物联网在当今社会的一个重要应用。物联网是互联网之后的衍生物，通过无线数据通信技术实现物流领域中商品的识别和跟踪，并且将其应用到物流的各个环节中去。这样，不仅保证了商品的生产、运输、仓储、销售以及消费的安全性，更在如今这个"时间就是金钱的社会"保证了其时效性。因此，物联网技术的应用将极大地提升物流领域尤其是国际贸易之间的流通效率，不仅可以减少人力成本、货物装卸、仓储等物流成本，而且还为企业创造了更大的利润空间。

O2O 营销

当前智能手机已经成为人手一部的大众物品，网购消费也成为大众时尚。O2O 营销模式就是有别于传统销售模式的新型发展模式，这种模式为全世界大大小小的企业共同拥有客户，为所有的消费者和全球厂商提供了平台，节约了大量的人力资源成本，为企业创造了更多的利润。那么，究竟 O2O 营销实现的是什么呢？下面我们就来具体了解一下 O2O 营销模式。

首先，大家应该了解通俗的 O2O 营销模式，就是通过网络搭建的网上平台帮助线下的实体企业在线上寻找客户，然后将这些客户带到线下的实体商店中进行购物消费。比如美团，美团就是一个典型的 O2O 营销模式的应用。在人手一部智能手机的现代社会，无论是吃饭、聚会还是娱乐、休闲、旅游，大家都习惯于打开美团寻找最近、最合适的商家，同时也离不开美团一系列的优惠。

　　由以上可以看出，O2O 营销模式的实际应用，大数据的信息是不可或缺的一环。网络为消费者提供了线上与线下一致的实体店虚拟店面，通过一系列前期的交流、产品的选择和各种方式（比如二维码的验证等），实现与线下实体店的对接，最终实现产品的销售。这种模式的成功虽然有线下实体店的支撑，但是其线上吸引客户需要庞大的消费者数据资源，因此，O2O 营销和大数据的信息是息息相关的，如图 3-1 所示。

图 3-1　O2O 营销模式

　　O2O 营销模式的本质仍是服务，同样是以人为中心的营销行为。无论是微信电商还是电子商务平台都是 O2O 营销模式在我们生活中的实际应用。当然，在这一模式最为关键的就是数据的配合。只有获得这些数据，才能将 O2O 营销模式真正用到生活中，真正实现优质商户和消费者的最优化对接。

在 2015 年"两会"上，李克强总理这样描述 O2O：以互联网为载体、线上与线下互动的新兴消费。李克强总理还进一步提出"互联网+"的概念。领导人的肯定，给已经走进互联网的公司和即将转型的公司奠定了一定程度的事业信心。那么，究竟 O2O 都有哪些运营模式呢？如图 3-2 所示。

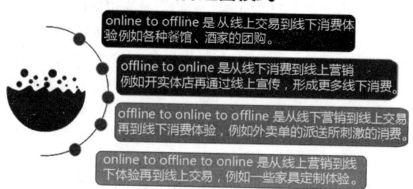

图 3-2　O2O 运营模式

由图 3-3 可以看出，O2O 离不开三要素：线上、线下、一起搞。O2O 是线上与线下的结合体，而不是各自为政。但是如果把对 O2O 的理解限制在线上、线下，就不太全面了。对于 O2O，更应该把它看作是一种全新的商业生态系统，强调更多的是产品和互联网之间的联系。

图 3-3　O2O 三要素

O2O 模式并非只是一个简单的互联网模式，对企业的线下能力是一个不小的挑战。线下能力的高低很大程度上决定了 O2O 模式是否能成功，线上的用户好评度也在一定程度上影响线下能力的高低。因此，拥有大量优势用户数据、本地化程度较高的垂直网站将成为 O2O 营销模式成功的关键。

O2O 营销模式的关键点是通过平台在线的方式吸引消费者，真正消费的服务或产品必须由消费者去线下体验，这就对线下服务提出高质量的要求。但 O2O 营销模式的核心是在线上预付，很容易造成"付款前是上帝，付款后什么都不是"的问题。所以，那些通过 O2O 营销模式迅速崛起的公司能否掌控一个稳定的服务体系，或将线下实体店的工作规范化运营是 O2O 营销模式的关键。

当然，除了线上数据之外，线下数据也十分重要。要想真正地将 O2O 营销深入到人们的生活中，就需要依靠线下实体店的销售或者客服人员的数据收集，以及商家强大的统筹平台能力。只有将线下和线上数据整合，才能充分挖掘数据的价值潜力，打破这两个窗口的界线，帮助企业开展更具有精准性的营销手段。

在新一轮的 O2O 营销中，最大的成功者属于那些拥有线上和线下消费者完整大数据的拥有者。企业在获得数据的支持后，将其应用到消费者场景中，实现完整的 O2O 营销。只有这样，才能在未来激烈的市场竞争中立于不败之地。

因此，企业能否取得成功的关键在于能不能真正地借助各种智能终端，利用强大的数据积累，实现最大程度上的数据分析。最终以一种自然、合理的方式走进消费者心中，提高其用户体验，让企业品牌深入人心，实现商业服务良性循环，做到真正的 O2O 营销模式。

人工智能

在本书第 1 章中讲到的"阿尔法狗用大数据战胜了人类"。其实那个阿尔法狗就是一款围棋人工智能程序，这不得不说这是人工智能史上值得纪念的事件。那么，人工智能到底是什么呢？真的可以战胜人类吗？

所谓的人工智能，其实就是计算机的一个分支，是研究、开发用于模拟、延伸和扩展人的智能的理论、方法、技术及应用系统的一门新的技术科学。还有人这样说，人工智能就是用机器去实现所有目前必须借助人类智慧才能实现的任务，这是通俗地理解人工智能。最为关键的是人工智能和人类有"四像"：像人类一样看懂；像人类一样听懂；像人类一样思考；像人类一样运动。人工智能给予了未来无限的憧憬。

人工智能是当今社会引起广泛关注的新兴技术，受到了越来越多的企业追捧，也受到了国家的高度重视。并且越来越多的企业开始重视人工智能在工作中的应用，以便在未来的发展中为企业创造更大的财富。而在人工智能应用上京东是典型的佼佼者。

2016 年 3 月 24 日，由中国信息通信研究院主办的"互联网＋"人工智能产业政策研讨会上，京东集团技术副总裁马松发表了主题演讲，介绍了京东在人工智能领域的研发成果和应用，其中 JIMI（京东智能在线交互系统）智能客服机器人凭借精准的用户画像、商品画像等数据，不仅承担了大量京东用户的咨询应答工作，而且在一些品类的售前咨询上用户满意度已经超越人工客服。马松同时热烈响应有关建立人工智能行业同盟的提议，希望充分打通各个企业之间的技术合作，推动人工智能技术的发展和应用的高速普及。在研讨会上，来自京东、百度、科大讯飞、360、腾讯等企业的专家就人工智能的技术发展和应用进行了分享，并就产业政策进行了热烈讨论。

马松说"京东的人工智能研发方向非常明确，目标是希望通过人工智能帮助京东企业成长，同时给用户带来更好的体验。"他透露，人工智能技术在京东的多个应用环节中都开始发挥价值，例如，智能动态定价可以帮助采销经理更好地管理商品促销，达到最佳销量和利润；智能补货能辅助工作人员自动完成全国各个仓库的商品预定和补货，节约了大量人工成本。他着重介绍了 JIMI 的研发和应用，这可以看作是京东人工智能的开端。

京东对人工智能的技术研发开始于 2012 年，目标是为了解决人工客服不够用的问题。京东在发展过程中发现，只通过人力已经很难满足高速成长的用户咨询需求，因此开始了对 JIMI 的研发。2014 年京东 DNN（深度神经网络）实验室成立，建立了 GPU 计算集群，对京东积累的数据进行高维度的深度学习，力求更好地理解用户意图，通过话题上下文理解，更好地匹配用户需求。

由以上案例可以看出，京东在人工智能方面的应用是比较全面的。其实每个企业都有自己的独特研发方向、技术优势和应用检验，如果能做到充分打通各个企业之间的技术合作，人工智能运用将更上一层楼，并能有效地推动人工智能技术的发展。这样不仅能大大提高工作效率和运营水平，还能提高整个行业的人工智能的应用能力。

互联网的飞速发展也为人工智能的发展提供了一个契机。百度董事长兼首席执行官李彦宏在谈及人工智能时表示："很多科学进步的背后都有商业力量的推动。企业家应该思考怎么用商业力量推动科技进步。"因此，推动人工智能的商业化发展，已经成为全球趋势。人工智能的发展越来越多地与现实生活中的数据相结合，解决更多现实生活问题。人工智能在未来的生活中将无处不在，并融入到各行各业推动科技的飞速发展中。

正所谓大浪淘沙，智者生存。人工智能作为一个新兴技术，不同于其他纯商业模式的创新，是一个涉及非常广泛而且发展非常迅猛的领域，需要各行业大数据技术的支撑。互联网和大数据的发展，为人工智能技术的发展提供了强大的催化剂。人工智能行业在未来具有无限的潜力，企业只有在大数据处理技术和深度学习等领域取得发展，才能在未来的竞争中抢占先机，这就是人工智能的魅力所在。

工业 4.0

"工业 4.0"其实就是大家经常提到的第四次工业革命。这是由德国首先提出的一个高科技战略计划，也就是如图 3-4 所示的"互联网＋制造"，其本质核心是智能制造。它的出现将推动中国制造向中国创造转型，所以很多人认为，工业 4.0 是整个中国时代性的革命。

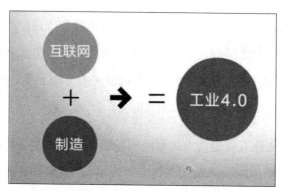

图 3-4　互联网＋制造＝工业 4.0

早在 2014 年李克强总理就提及了工业 4.0，这也意味着工业 4.0 已经上升到国家战略高度。长期以来，互联网在我国持续稳定的发展，但在产业领域还处于萌芽阶段。李克强总理提及的工业 4.0 意味着实施工业化与信息化同步发展的战略，这样才能更好地促进二者的融合与协同发展。

其实，在工业 4.0 刚提出之后，就有不少企业急不可耐地向工业 4.0 转型。通俗地说，工业 4.0 具备如图 3-5 所示的"互联网＋数据＋集成＋创新＋转型"这五大特点，也就是我们所称的"中国制造 2025"。

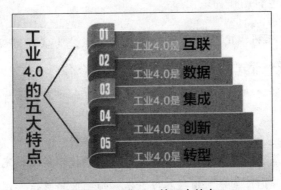

图 3-5　工业 4.0 的五大特点

工业 4.0 是一个全新的时代，核心就是智能制造，精髓是智能工厂，精益生产是智能制造的基石，工业机器人是最佳助手，工业化标准是必要条件，软件和工业大数据是关键。只有全面认识工业 4.0，才能更好地在未来的工业时代争取先机。

工业 4.0 概念的提出者——德国是第一个实践智能工厂的国家。其中位于德国巴伐利亚州东部城市安贝格的西门子工厂，就是德国政府、企业、大学以及研究机构合力研发全自动、基于互联网智能工厂的早期案例。在西门子工厂占地 10 万平方米的厂房内，员工仅有 1000 名，近千个制造单元通过互联网进行联络，并且大多数设备都是在无人员操作的状态下进行挑选和组装。最令人惊叹的是在西门子工厂中每 100 万件产品中的次品约为 15 件，可靠性达到 99%，追溯性更是达到 100%。这样的智能工厂能够让产品完全实现自动化生产，堪称智能工厂的典范。

就像上述案例所说到的那样，工业 4.0 是由德国率先提出，并将其做到最好的。德国的制造业是其国家的主要产业，在工业 4.0 的浪潮席卷全球的时候，德国凭借持续提高制造业的全球竞争力，成为了新一代工业生产技术的主导者，也是新一代标准的制定者。但是在工业 4.0 的浪潮下，中国在此方面也有所作为。

九江石化作为中国的第一家智能工厂试点，为实现可视化、实时化、智能化的生产和管理要求，与华为进行战略合作，在信息通信、生产协作、智能管理等领域开展广泛合作，共同打造具备世界一流智能工厂的基础设施。

九江石油基于华为在通信和数据信息方面的技术实力，完成了工厂 LTE 无线宽带网络、调度系统、视频会议系统、视频监控系统、存储、巡检终端等设备的布局。虽然，工厂目前还未达到工业 4.0 所要求的智能工厂的运营标准，但在未来，依托华为在大数据、云计算方面的技术优势，九江石化将建设一个云数据中心，实现虚拟化、云计算等 IT 智能化管理，将进一步降低能源消耗率，提升资源利用率，最终实现工业 4.0 智能化的运营。

由以上案例可以看出，在工业 4.0 的浪潮下，中国各行各业积极应对，利用新一代信息技术与制造业深度融合。因此，企业要想在工业 4.0 时代更好地生存发展，就必须拥有自己独特的竞争对策。只有率先制定出完善的竞争策略，才能在工业 4.0 的浪潮下让企业立于不败之地。

工业 4.0 最为关键的节点就是需要企业创建一个高度灵活的、具有个性化和数字化的产品与服务的生产模式，这是每个企业必须面对的问题，目前我国大多数企业都是半自动化的层面,离真正的自动化、智能化还有相当大的距离。

从工业 1.0 到工业 4.0,工业发展的终极目标就是为了使制造业脱离劳动力的桎梏,将全流程人力成本进一步降低,从而增强制造力的竞争。在工业 4.0 时代,不仅制造环节的人工将得到改善,各个环节的管控都将实现无人化,这才是真正的工业 4.0 时代。

下 篇

第 4 章

大数据营销的四种模式和三大误区

　　"无数据就无营销"这句话被无数的营销专家谈论，大数据营销也成为当今社会的一个重要营销模式。有人说，在这个时代，第一营销力就是大数据营销，只有掌握了大数据营销技术，才能引领未来的营销潮流。大数据营销在未来各类营销中将占据主流的营销地位，并引领新一轮互联网营销浪潮。由于大数据营销在我国发展时间较短，大家对它的认知也存在着较多的误区，因此，我们要辩证地看待大数据营销，让它发挥真正的作用，创造更多的营销奇迹。

大数据营销的四种模式

　　大数据营销是当今社会越来越受大家关注的一种新型营销模式。企业经营管理中生产与营销这两大环节是关乎企业能否屹立于这个残酷的市场竞争中的关键，也决定了企业在行业的生存与发展前景。大数据营销是衍生于互联网行业，又作用于互联网行业的一个新兴模式。它在依托大数据技术的基础上，能够更加精准有效地给品牌企业带来更高的投资回报率。那么，大数据营销都有哪些模式呢？

1. 关联模式

在大数据营销中，关联模式应该是大家最熟悉的一种模式。《大数据时代》一书的作者维克托曾经说过："大数据时代要放弃对因果关系的渴求，转而关注相关关系。"美国沃尔玛超市的"啤酒 + 尿不湿"的超市促销营销方式就是典型的大数据营销模式下的关联模式。在大数据营销中，分析足够的数据，通过分析看到并不相关的两个数据之间的联系，进而为企业创造更多的营销利益，这就是大数据营销的关联模式。

数据已经成为企业生产和发展的一个关键因素。在各行各业中，数据已成为企业分析消费者心理，预测企业发展方向的一个重要条件。只有真正利用好数据，让数据为企业服务，并深入研究，发现数据的稀缺性信息，才能在激烈的市场竞争中获得生存和发展。

当然，在数据收集、分析和利用方面，除了沃尔玛之外，亚马逊同样也走在前面，其一直重视网站数据的关联作用。

在零售市场，价格优化是一个重要的因素，因为零售商们会想尽一切办法给每一件商品制定最好的价格。在亚马逊价格管理会被严密地监控，以达到吸引顾客、打败其他竞争者和增长利润的目的。

动态的价格浮动也推动亚马逊的赢利平均增长了 25%，而且他们通过每时每刻的监控来保持着自己的竞争力。亚马逊数据显示在北京、上海、广州、深圳、成都、天津、武汉、南京 8 大城市的时尚购买力最强，领衔2015 年时尚"剁手"城市排行榜。2015 年海淘热度持续上升，最爱海外购时尚品类的十大城市中北京、上海、广东、深圳、成都五大霸主地位不变，杭州和重庆新晋入榜，分别排名第六和第十，南京、天津、武汉则分别位列第7～9位。在这些城市里，北京和上海的时尚品味居然最类似，最喜欢入手时尚腕表、20～24寸旅行箱、双肩包和雪地靴等。顾客往往会发现亚马逊商品的价格总是全网最低，这得益于亚马逊的动态价格策略。亚马逊的动态定价算法是每个小时就会调整几次每一件商品的价格，以此更好地利用顾客对于价格的觉察心理。

亚马逊为最畅销的商品提供大幅度的折扣，同时在次畅销商品中获取更大的利润。例如，亚马逊对一款市场卖的最好的智能手机的定价比同行低了25%，与此同时，另一款相对不那么受欢迎的智能手机却在亚马逊卖得比其他网站贵了10%。Boomerang Commerce上的一份分析报告指出，在任何季节，亚马逊不一定真的是将某一样商品卖得最便宜的商家。但团聚有高人气和畅销商品中一贯的低价让消费者产生了亚马逊总体商品的价格比沃尔玛还便宜的感觉。

从这个案例可以看出，注重数据之间的关联关系是亚马逊公司在收集数据、分析数据中的一个重要特点。大数据营销下的关联模式已成为数据分析的一个基本模式，因此，企业在对数据进行分析的时候，要充分挖掘数据与数据之间隐含的关系，并进一步使这种关系多样化，只有这样，才能合理地运用大数据，为正确的决策提供有利的支持，让企业在未来的竞争中掌握更有利的优势条件，创造更多的财富。

在大数据营销中的关联模式下，数据之间有着微弱的连接。其实，关联就是反映一件事或者几件事之间的依赖关系。"啤酒＋尿不湿"不就是一个典型的例子吗？这两个风马牛不相及的事情通过数据的分析竟然给商家带来了巨大的利润，这说明，在大数据营销下的关联模式非常重要。

大数据时代下的营销，数据尤为重要。但是更为重要的是要通过掌握数据信息，了解和掌握客户的需求，真正做到大数据营销下的关联模式，促使企业做出更多、更精准的决策，为企业创造更大的营销利润，这才是大数据营销的真正目的。

2. 精准定向模式

精准定向模式就是在大数据营销下，根据用户的精准信息进行精准化推荐，是一种常用模式。在如今这个买方个性化的市场，通过企业拥有的数据，并对其进行分析挖掘关联，了解客户想要什么企业就生产什么，这样做到精准营销，因而减少不必要的人力、库存等成本，才能实现营销效率的最大化，同时实现企业利润的最大化。这就是我们常说的：“需求掌握命运，需求掌握一切。”

最佳的网络营销推广方式就是将营销推广融入用户每次的页面浏览中，企翼网推出的基于大数据分析及链路分析技术的互联网精准营销（CPC+），是一种仅次于 CPS 的广告形态。其内容具有三重精选，为商家锁定超高精准目标客群，自上线后就帮助多个商家成功打破了流量壁垒。

企翼网 10 环精准营销如图 4-1 和图 4-2 所示，有弹窗广告、遮幕广告和跟踪广告 3 种广告类型，每种广告形式有 7 种展示形式，可实现 PC 端和移动端全方位广告推送，有助于企业商家提高回报率和转化率。

如果推广不见成效，那说明推广方式肯定有问题.企翼网 10 环精准营销的广告依据是智能化的大数据营销，根据用户搜索、浏览行为锁定目标客户，直接在搜索页面进行广告展示，在竞争对手旁边打上自己的产品广告，快速提升销量，并树立品牌形象。

广告的根本目的就是帮商家引进客户流量，企翼网 10 环精准营销帮助商家实现流量，明明白白做推广。商家可自行安装第三方统计工具，随时查看流量情况，通过数据对比分析，充分了解用户需求，可及时调整营销方案。

图 4-1　企翼网精准营销

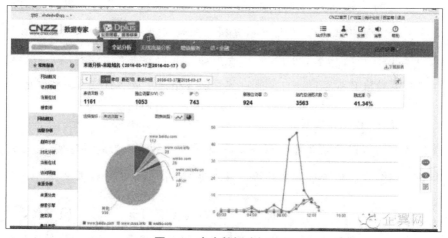

图 4-2　商家数据分析页面

由以上案例可以看出，只有做到精准营销、定向营销，才能做出更为有利的营销决策。如果企业善于收集和分析数据，那么对于洞察客户，对客户进行细分有很大的好处。在大数据营销中要想做到精准定向营销，就要做到以下两个方面。

一方面，保证数据的全面性，从各方面收集数据。数据已经成为联系大家的一个重要因素，越来越多的企业通过数据分析客户之间的关系，以及客户的需求，并且数据的丰富度是精确定向营销的最核心要素。只有保证数据的全面性，才能做到精确地分析客户或者消费者的需求，真正做到在决策之前，更加完整地了解消费者或者客户的需求。

另一方面，精准定向的营销模式一直是营销的主要命题。因此，要想做到精准营销就要用数据深入调查，确定消费者真正的需求方向，并且互联网在获取数据方面的优势和便利为精准定向营销提供了诸多可能。尤其是社会化媒体的出现，用户的标签以及社交平台信息均可以成为判定用户标签的重要指标，使得营销的精准度大幅提升。

在射击比赛时，只有先瞄准靶心，打准的几率才会高。在大数据营销上，这个道理同样适用。需求决定营销，只有定位准确、精准匹配，才能更好地在未来做出正确的决策。反之，假如生产和销售的是客户不需要或者是可有可无的商品或服务，就很可能造成滞销的后果，这是精准营销的大忌。因此，大数据营销体系下的精准定向营销模式务必要做到：你想要的，正是我所推销的。

3.　动态调整模式

上网搜索已经成为人们的一个习惯性解决问题的方法。移动互联网的出现改变了人们的生活习惯和工作方式。在大数据营销模式下，谷歌采用动态调整模式将用户行为列入大数据维度，以动态的运算结果来实现营销效果的最大化，这无疑是一个重大的突破。因此，大数据营销下的动态调整模式就显得尤为重要。

很多人喜欢用谷歌（Google）的原因在于，它的推荐往往更符合自己心意的搜索信息，因此提高了搜索的效率。不仅如此，如果你在谷歌输入一个关键词，点击第一个搜索结果后发现不满意，迅速返回搜索页，点击第二个搜索结果，然后花了很长时间浏览，此时系统就会默认你对第二个结果更满意，当你下一次搜索同一个关键词时，之前两个结果的排位就会发生互换。

由以上案例可以看出，谷歌在大数据领域最突出的特色：动态性。谷歌在进行质量优化的同时，并把用户的交互反应实时加入搜索系统。一位谷歌发言人曾说："我们始终在对搜索页面进行调整，从而让用户可以更轻松地发现最有用的信息。"

为把用户在网上的行为模式加入到排名算法中，谷歌也进行了许多的努力。例如谷歌的推广工具栏，用户在浏览网页时的行为数据会被谷歌收集，它曾支付不菲的费用给戴尔，在戴尔销售的电脑上预装好谷歌工具栏。而那些没有装谷歌工具栏的用户在谷歌网站进行搜索的时候，电脑也会被设置 cookie，在这个 cookie 一年的有效期内，用户的搜索次数也被一一记录。此外，买下原本需要付费的日记分析软件，再以 Google Analytics 的形式免费提供给站长们等做法也让大家纷纷猜测是出于同样的考虑。

这种特性也从搜索排名的业务场景迁移到大数据营销的语境中，用户对一个广告的反应会实时反馈，进而供广告主参考，适时进行营销计划的调整。而现在很多数据营销公司依然是一种固定模式的营销方式，天天对着一群用户狂轰乱炸，效果可想而知。

毋庸置疑谷歌在动态调整模式上是大数据营销的代表企业。数据最了解消费者和客户心理，动态调整模式的出现也适用于很多情况，比如，当企业不知如何决策哪种营销策略最合适的时候，可以先准备几种不同的方案，同时投放到市场上检验，谷歌会很快告诉你哪种营销方案更受欢迎，企业就可以主要推出最受欢迎的方案。

其实，大数据营销下的动态调整模式就是通过将用户行为列入大数据维度，以动态的运算结果来实现营销效果最大化，实现利润的最大化。

4. 粉丝爆炸器模式

在互联网飞速发展的今天，越来越多的名词开始出现在人们的视线里，"粉丝经济"就是其中一个典型的代表词汇。在实际生活中，很多企业都通过"粉丝效应"来实现营销活动，推动企业产品的发展，为未来创造巨大的"粉丝效应"利润。其实这就是大数据营销下的粉丝爆炸器模式，跨平台打通账户体系，以海量用户和数据维度刻画用户脸谱，为企业寻找与其匹配的用户。

例如，企业利用积累的大量人群数据，根据已经拥有的客户群体，找到更大的客户群体，这样循环下去，"粉丝"数量就不是成倍地增加了，而是爆炸式地增长。好比明星代言广告，一位明星拥有无数粉丝，当粉丝看到自己喜欢的明星代言产品，肯定会争先购买，这样就推动了产品的营销，这就是最简单的粉丝爆炸器模式。

当然，粉丝爆炸器的营销模式最大的作用就是将营销规模不断扩大，这就要求我们尽量做到精准客户群体。在这个方面，阿里巴巴集团旗下的阿里妈妈为此构建了一个 Lookalike 模型，它被形象地称为"粉丝爆炸器"，可以做到"给定一小群人，自动找到 10 倍、20 倍规模相似的人群"。

阿里巴巴商家做生意最难的部分是如何在客户首次购买之前建立联系，因为一旦客户购买了商家的商品或服务，便可以知道客户的情况，在沟通的过程中，精明的商家深知找对潜在客户的重要性，而挖掘潜在客户的难度不亚于大海捞针。相对于已经成为商家客户的人群规模（一家中型电商每月可能有上万客户），还没有成为客户的人群规模（线上有几亿规模的客户）是非常巨大的。从上亿潜在客户中找到最忠实的消费者人群的过程的效率和成本就成为商家致胜的关键。这也是阿里妈妈提供粉丝爆炸器所解决的痛点。

通常，成为某商家客户的人群具有一定的共性，例如，都是哈韩女大学生、都是近期购房人群、或者都是在意体重的人群等。这些共性往往在商家已有的客户中已经有所显现，这些消费者的各种属性和行为与全部消费者的差异就能突出这些共性特点。利用这些共性比较全网消费者与已有消费者之间在这些行为上的相似程度，就可以在真正的消费行为发生之前找到目标潜在客户。

在大数据营销方面，阿里巴巴一直是行业的楷模，移动互联网的发展，推动了电商的出现和电子商务的发展，这些都在不断地改变着行业的布局，从而推进整个社会的发展。粉丝爆炸器模式的存在能够帮助企业更好地进行营销，企业发展肯定少不了数据的存在。

其实，消费者、客户都是具有自我独立意识的人，谁的产品对自己好或者服务好都是成为某个企业粉丝的关键点。那么，企业应该通过什么样的方式来提高自己的"粉丝"数量呢？无非就是从"粉丝"的需求角度出发，利用数据技术分析消费者、客户的需求以及对企业的个性化要求，然后再根据数据结果,在不影响公司赢利的基础上做到让"粉丝"喜欢、信赖,这就是粉丝爆炸器模式的关键所在。

大数据营销的三大误区

越来越多的企业或者个体开始意识到，只有掌握了大数据，才能赢得营销的主动权。但是，营销的主动权有时也会带给人们错误的想法，因而导致很多企业受到了大数据营销的制约。要想真正地用好大数据营销模式，就必须避免以下误区，才能更好地为企业创造财富。

误区 1：只有大企业、大机构才可以开展大数据战略

中国网民人数已经接近总人数的二分之一，互联网成为人们日常生活中不可缺少的一部分。当然，随之而来的结果就是人们的数据信息越来越容易被收集。在网络这个主要存储和传输工具的大数据平台，越来越多的企业能够轻而易举地从网络平台获取资源。因此，大数据并不只是大企业、大机构的独有战略，只要用心收集小企业也可以掌握大数据，经过仔细整理、分析挖掘，也可以为企业的发展提供决策帮助，从而为企业创造利润。

很多时候，一些小型企业认为自己的规模小、市场发展空间小，大数据对自身企业的发展没有什么用处。其实不然，所有的大中型企业都是由小企业一步步成长起来的。而且随着科技的飞速发展和互联网的崛起，所有的小企业都拥有大数据的机会。

在香港有一家日本料理店，这家店在很短时间内风靡全城，并开了多个连锁店。很多香港市民都知道这家店的海鲜非常新鲜实惠，价格是其他日本料理店的七折。曾经询问过这家大厨朋友，是什么使他们做到这么好的生意，大厨小心翼翼地问我："你有没有看到每张餐桌上的摄像头？那就是我们的秘密武器。"

原来，这家海鲜店每天都会通过摄像头记录、查看食客点餐和到餐的顺序，以及剩菜的种类、份量。如此收集、分析、挖掘数据信息，餐厅老板和采购人员可以准确把握消费者的喜好，从而对北海道的海鲜预购量也

相对精准。也正因为此，这家餐厅的货源流转迅速，成本也随之降低。

这是一个有趣而又值得深思的案例。一家没有 ERP 系统的传统餐厅，甚至都不算企业，却通过摄像头实现了对采购的信息化管理：收集用户信息，对信息进行分析，然后用于第二天的采购决策，循环反复，以此降低物流滞销成本。这就是这家料理店成功的关键。小企业不是不可以开展大数据战略，并且大数据战略也不是大企业、大机构的独有战略，只要运用到位，小企业依然可以成功。

总地来说，大数据并不是某一类型企业或者机构的专属，而是所有企业或者机构都应该具备的意识。在近日举办的大数据论坛上，华为大数据总监刘冬冬说："2016 年大数据行业会继续加速发展，在 2017 年可能是一个爆发点，所有行业都会被大数据冲击，所有企业都将意识到应该重视大数据。因为产品同质化越来越严重，最终会变成以客户为中心，以数据为支撑。在未来，企业的竞争方式是你拥有 5 个维度的数据，而我却拥有 10 个维度的数据，那我就赢了。"因此，认为只有大企业、大机构才可以开展大数据战略是严重的战略误区。

自红领服饰创立 20 年以来，一直从事服装生产业务。红领服饰拥有一条独特的、极端的定制程序，每一件衣服在生成订单之前，就已经销售了出去，虽制造成本比批量制造高 10%，但收益却能达到两倍以上。红领企业拥有一套完善的大数据信息系统，目前每天虽然只能完成 2000 件完全不同的定制服装生产，但定制的第一步是量体，采集数据下订单，量体过程只需要 5 分钟，采集 19 个部位的数据；然后让顾客对面料、花型、刺绣等几十项设计细节进行选择，或让系统根据大数据分析自动匹配。细节确定，订单传输到数据平台，系统会自动完成版型匹配，并传输到生产部门。每一位工人都有一台电脑识别终端，这是他们工作最依赖的工具，因为所有的流程信息传递都在电脑识别终端进行。营销部接到订单后，他们会核对所有细节数据信息，然后录入到一张电子标签上，这张电子标签就是这套衣服的"身份证"，将伴随这套衣服生产的整个过程。随后的所有步骤环节，工作人员的第一项工作就是扫描电子标签进行识别，并根据显示的要求进行自动裁剪或细节处理，直到生产完成，并通过快递寄送至全球任何角落。

这是一家小型服装厂转型的大数据企业，它不仅做到了将大数据运用到自己企业中，更通过对大数据的运用将公司发展成为一个大数据企业。这说明对于小企业来说，企业管理者首先要有大数据意识，一种对企业有益的发展理念，更是企业决策者和管理者的一种格局和远见。拥有了大数据意识，即使企业规模再小，也会努力收集浩如烟海的大数据，为决策提供客观的基础，为企业的发展带来巨大的新机遇。

当然，很多小企业由于自身条件的关系，很多时候难以通过自身的力量来收集大数据，但是，这并不是意味着只有大企业、大机构才可以开展大数据战略。随着大数据战略应用在世界各个领域的快速发展，呈现出很多专业经营大数据的企业，这些企业可以帮助小企业挖掘需要的大数据资料。

误区 2：要想做大商业就必须拥有大数据

大数据营销对于企业发展的重要作用已经被越来越多的企业人所认同。但是，这也造成了很多人对大数据有一个明显的认知误区，那就是要想做大商业就必须拥有大数据，这种想法显然是错误的。同方数据资源事业部副总经理席壮华曾说过："大数据的炒作已达到高峰，大数据已经存在泡沫。"大数据的确可以为企业创造价值，但并不是不按自身的发展规律去拥抱大数据，要依据企业的客观需求去做，而不是想做大商业必须要有大数据。

首先，并不是所有企业都适用大数据。是否运用大数据要从企业实际情况和具体需求出发，并且不是所有的企业都有获取大数据的条件。企业只有具备数据人才培养、资金投入、技术平台等全面保障才能获取数据价值，大商业不代表必须要用大数据。

尽管大数据营销近些年来发展迅速，受到越来越多的人的重视。但是，如果企业的大数据成长期较短，缺乏经验的积淀，那么大商业的发展未必须要有大数据支撑。有时大商业的发展还需要借鉴传统营销模式，将大数据和企业的发展完美融合在一起。

有这样一些企业，在企业的发展的初期，因为不懂得运用大数据，不考虑企业内部的实际情况，总认为：我找大数据服务商（企业）就是给我干活的，我需要什么，服务商给我什么就行，大数据具体是怎么运作的，也不需要去明白。这种想法无疑是可笑而又可悲的。

企业的发展不仅要与当今时代紧密贴合，还需要考虑客户的体验，做到与实际情况相结合。企业要想拥有大数据，首先要确定自身企业是否具备"学习型企业"的素质和潜力，牵头的高层领导部门、具体接口的部门，是否有充分的学习热情和能力将大数据与企业内部完美结合。对于大数据营销应用项目的建设，实际是企业特别好的一次学习和梳理营销体系的机会，当一个项目在建设的过程中，所有参与项目的企业内部员工，都将逐步成长为数据获取、分析和形成决策、策略的复合性人才，这也意味着企业竞争力的提升。但是，如果企业根本不需要或者没有大数据营销的能力和潜力，那么大数据的存在对企业没有丝毫意义。

由以上案例可以看出，做大商业是否必须拥有大数据，需要企业管理者考虑内部因素。企业要衡量决策是否需要投入大数据，做大商业要考虑企业的投资成本，大数据擅长的是锦上添花而非雪中送炭。据了解，Facebook 每天存储约 100TB 的用户数据；NASA 每天要处理约 24TB 的数据。这个令人吃惊的数据背后是高昂的费用支持，按照亚马逊 Redshift 定价，NASA 需要为 45 天的数据存储服务支付 100 多万美元。

在这个大数据时代，大数据对企业发展的作用固然重大，但并不是必须的。如果企业该做的事情都没做好，就别指望大数据能帮忙。大数据并不是万能的，更何况很多企业日常所需要处理的数据并不是很大，在数据存储和处理成本太高的情况下，在超出大数据部署的成本预算时，这样反而增加了企业的负担，造成事倍功半的效果，就得不偿失了。

如果想做大商业，大数据的存在的确可以帮助企业更好地发展，但是，这并不是缺一不可的关系。大商业的发展也需要依据传统营销模式，传统营销模式发展完善，形成了一整套完整的营销体系。而大数据还属于初期发展阶段。因此，并不是说所有的大商业都需要大数据营销。

随着互联网的发展，企业将有更多的机会把与自己切身利益相关的信息收集、存储，也有机会零距离地走进消费者，了解客户的真实想法。甚至能够与客户一起感受和体验产品效果，这并不是说必须要拥有大数据才能做到，做好大商业最重要的还是根据企业的实际情况出发，认真考虑企业自身的发展，才能更好地在未来的市场竞争中立于不败之地。

误区 3：拥有大数据就可以确保万无一失

数据的存在对企业的发展有着至关重要的作用。但是，这并不代表拥有了大数据就万无一失，因为一个企业的成长与发展需要各种条件的互相配合。这种认为拥有大数据就可以确保万无一失的想法是错误的。

虽然人们的生活和工作开始越来越多地运用到网络，随着互联网的飞速发展，越来越多的人把大数据看成企业发展的一个跷跷板，企图通过大数据去赢得公司的发展。这种想法需要企业管理层辩证看待。虽然如今是大数据发展较为重要的阶段，但还处于初期发展阶段。因此，除了将大数据应用到企业中之外，还要学会灵活运用，与公司的实际情况和发展规模相整合，才能利用大数据为公司的发展带来利润，不然将得不偿失。

对大数据有所关注的人会注意到这个问题，在大数据营销方面，H&M与ZARA投入的热情与精力不相上下，但是从大数据营销上获得的收益与效果却天差地别。其中最重要的一个原因就是在如何执行大数据挖掘出的经营决策上出现了较大的差异，导致收益效果相差巨大。ZARA对于大数据提供的决策信息执行得十分坚决而高效，并且配套大数据的管理链非常通畅，直接指导产品设计、生产、分区域投放等各个环节。

但是，对比而言，由于H&M产地分散在亚洲、中南美洲各个地方，在使用大数据营销后，H&M根本没有办法采用有效措施缩短跨国沟通交流的时间，这就拉长了生产和经营适应大数据决策的时间成本。如此一来，即便大数据及时反映了各区域市场的顾客需求。但H&M却无法立即改善，造成资讯和生产分离的结果，使H&M内部的大数据系统功效受到限制，所以在ZARA为大数据获得的成绩弹冠相庆之际，H&M却没有真正通过大数据营销为公司解决问题。

由以上案例看出，这是一个大数据营销的典型误区，企业认为拥有大数据就可以确保万无一失。殊不知，虽然企业愿意投入很大的人力、财力在大数据的收集、获取、整理和分析上，但如果企业在看待大数据的视角中是孤立的、静止的，并且公司的其他管理配套一成不变，并没有针对大数据应用做出更多的适应性调整，那么只会让大数据工作的最大成就只是获取了海量的过期、无用数据而已。

很多企业在大数据的应用上按照模型照搬，这在大数据的应用初期很正常。大数据的应用一定要形成企业自己的独特思路。因此，中国企业要学会"因地制宜，实事求是"，切勿照搬旧的营销模式，对以前的管理链路、运营思路进行适应性改变，只有这样，大数据营销才能产生更好的效果。

如今掌握大数据就掌握了营销主动权。对于那些积极拥抱大数据的企业，大数据的指导的确会给企业带来很大的影响，比如业务模式、产销方式等，这些都会发生改变。但是这并不代表就能让整个企业在未来的竞争中引领行业的发展。在企业拥有大数据的情况下。全方位考虑企业运营决策，才能让企业在激烈的市场竞争中不断发展强大。

第 5 章

大数据让精准营销成为可能

移动互联网和大数据的发展带动了整个社会的飞速前进。互联网＋大数据应运而生，在互联网的基础上更进一步地阐述了互联网＋的实质就是要构建一个互联网组织，并且创造性地使用互联网工具，以推动企业和产业进行更有效的商务活动。结合大数据营销的运用，让精准营销成为可能，推动整个社会的发展，在未来的发展中创造更多的财富。

精准营销：你想要的，正是我所推销的

2015 年，互联网＋的概念成为社会和业界的追捧热词，也成为国家的重点发展战略。互联网＋概念的出现无疑为企业的发展和社会的进步提供了更多的有利条件。在这个大数据环境中，企业的第一营销力就是大数据。互联网＋的出现帮助企业更好地运用大数据做到精准营销，并更好地匹配客户需求，实现公司甚至整个行业的发展。

精准营销就是根据一定的需求分类，去实现最精准的定位。企业强调"以客户为中心"确定客户和洞察客户需求，精确地制定个性化营销，最终实现

企业利润最大化。可是，精准营销的预测很可能导致过分依赖数据，过多在意数据，而忘记精准营销的目的。

李宁作为一个传统体育服饰的品牌代表，是中国最大的运动品牌之一，最近几年一直在不断调整其品牌营销策略，"运动生活"是李宁调整战略后新聚焦的品类，其他定位为"90 后"的女性消费者。为了能够迅速而准确地打开定位市场，李宁打算通过代言人代言的方式，迅速而准确地建立起在该品类的知名度，并做到吸引目标消费者。

李宁公司通过大量的用户数据和用户行为进行一系列精确分析，最终确定消费者喜欢的代言明星要符合小清新、运动、时尚、阳光、韩流等几个主要标准。当然，这仅仅是利用大数据分析、统计找到合适代言人的第一步，当找到代言人拥有这些主要特性后，确定消费者喜欢什么样的明星。精准营销要求李宁企业清晰地把控自己新品系列调性和受众。经大数据多渠道的数据建模，李宁公司全方位调研后把"90 后"女性作为未来消费主力军，作为企业主要的产品战略方向和主要消费人群。

李宁公司应该如何在众多中韩明星中找到合适而又受消费者喜欢的代言人呢？综合考虑，李宁公司对 100 位当红而又具有影响力明星的社交网络进行了非常详细的分析与总体评价；在性别、年龄、地域、兴趣标签、语义情感等几个方面把粉丝的集中倾向属性和李宁新品系列调性进行了综合匹配，做到确保其推送信息可以精准抵达目标消费者，并且抵达的速度极快，影响的范围很广。

毋庸置疑，李宁公司的精准化营销策略取得了突破性进展，促进了公司的经营发展，实现了利润的最大化。当然，通过大数据进行营销优化的企业并不只有李宁一家，沃尔玛、家乐福、麦当劳等众多企业也在不断收集、整合、分析数据，致力于不断改善客户服务体验，争取掌握客户的最新消费习惯，实现数据与交易记录的融合，并利用大数据工具对数据展开分析，从而帮助企业更好地进行筛选。企业通过这样的方法在销售额和减少库存上都做得非常理想。

虽然，"速食"文化的确可以带来快速的成功，但也容易造成很多问题未能得到彻底解决。尤其是近两年，"精准营销"一词犹如洪水猛兽般席卷而来，各个大中小型企业就像是在抓救命稻草一样死死抓住这条命脉。就目前来看，企业的精准营销问题也没有解决。主要表现为两个方面，一方面是目标人群不够精准，误将现有用户或忠实用户当作产品的核心用户；另一方面是轻视用户行为，仅凭基本的社会属性定义用户。因此，要想做到精准营销，达到你想要的，就要做到以下两个方面。

一方面，要学会树立精准的思想建立正确的思维模式，一切从市场和需求出发。在市场竞争条件下，需求掌握营销，客户需求决定一切。相信大家都知道这个简单的道理，如果不能很好地把握客户需求，那么，不管公司的产品和服务多好、数据技术多高超，都达不到客户的满意。因为企业销售的产品，并不是客户所需要的。因此，要想做到精准营销，就必须做到一切从市场和需求出发。

另一方面，要想精准营销必须做到规范精准的行为，也就是按客户需求和个人特征的不同区分客户，分别营销。只了解客户的基本需求是不够的，因为这不能帮助企业销售人员实现个性化营销效率的最大化，更别说实现企业利润的最大化了。因此，要学会根据客户的需求进行细致分类，只有做到精准、精细、精确才是精准营销。就像我们平时看电影，有的人喜欢看喜剧，有的人喜欢看悲剧，有的人喜欢看动作片，这就是需求的大方向同类，但是细分的话又有很大区别。精准营销就是要找出这些区别，利用这些区别，让客户看到他们想要的。

由此我们可以看出，精准营销的实现要学会借助互联网＋大数据的优越条件，才能做好精准营销。

精确撒网：不广撒网，也能多捕鱼

大家可能都知道这样一件事，出海捕鱼一次能捕多少鱼与两个主要因素有关：一是撒网的范围和网眼的大小。撒网范围大，那么能覆盖的鱼群就多，但是如果网眼太大，即使撒网范围覆盖了整个海面，也很难捕到鱼；二是看渔夫怎么分配和使用自己的渔网。同样的道理，企业的营销手段、营销资源如同一张大渔网，能在市场这个大海中捕到多少鱼就要看企业家是怎样的"好渔夫"了。

互联网＋大数据让精准营销成为可能，那么，企业管理者在营销之前，要明白一个问题，企业营销的目的是什么？其实很简单，就像捕鱼的目的是为了得到鱼，企业营销的目的就是为了赚钱，实现企业利益的最大化。因此，要让大数据为企业服务，就要学会利用企业内部和外部数据并对数据进行整合、分析、筛选，利用大数据的统计，筛选客户的层级和需求。

上海小阿华母婴用品有限公司成立于 1993 年，是一家专业为母婴提供系列科教服务与母婴产品开发、生产、销售为一体的企业。经过 20 多年的不懈努力和发展，成为拥有婴幼儿纪念品 (胎毛笔、手足印等) 制作、胎教、早教、产褥期护理及母婴产品研发、生产、销售多种产业为一体的多元化母婴健康服务机构。而且，公司除了在上海地区有 5 处服务中心以外，还在北京、天津、南京、杭州、深圳设有 5 家分公司，全国 100 余家代理商，在 20 多年的时间内累计为全国 200 多万母婴家庭提供了相关服务。

据统计，目前中国的母婴市场至少有 800 亿元以上的容量。面对如此庞大的市场、诱人的利润空间，近年来竞争者纷纷进入，使母婴市场整体呈现细分趋势。新的购买和付款方式不断涌现，数据库营销促进完善，分销渠道多样化等，又将使母婴市场的竞争更加激烈，新的游戏规则将被重新制定。面对变化，小阿华公司认为粗放型的营销方式已经不适应新时代的需求，他们根据多年的实践，总结出一套自己称之为"精确营销"的新营销方式。"精确营销"的定位原则是"全程互动、专业指导、多源赢利"，以信息收集、处理为基础，以直递广告、权威推荐、免费服务为主要信息载体，实现全面直接的营销沟通。

小阿华公司的目标市场是 0～3 岁的母婴家庭，那么，0～3 岁母婴市场到底有多大？据根第五次人口普查发布的统计公告：内地 0～3 岁的婴幼儿共计 7000 万人，其中城市中 0～3 岁的婴幼儿数量为 1090 万人，每年全国的新生儿约为 1750 万人。上海小阿华公司从全国 112 家代理商及 5 家分公司获取的市场资料分析统计得知：我国城市新生儿家庭月平均母婴服务及用品消费达 800 元。如此推算，中国内地的母婴市场每年至少有 800 亿元的规模。

建立专业、方便的母婴健康消费平台，是小阿华追求市场目标、市场机会的精确把握，以精确营销的方式降低企业成本与风险，达到利润最大化。基于精确营销策略，小阿华构建了完整的母婴服务业务链，涵盖婴幼儿纪念品、胎教、早教、孕期保健、母婴护理、产后恢复、婴幼儿摄影、商品直销、店铺销售等，为母婴家庭提供从孕产期到哺育期、从商品到服务的购物模式。

小阿华的案例告诉我们，精确营销的精确性非常重要，企业要坚持以精确性为营销重点，清楚地了解消费者的需求和定位，从而生产和销售消费者想要的产品，这样既可以有效地避免资源浪费，也能为企业的构架和定位提供一个很好的助力。但是，单一的精确性营销同样存在弊端。比如仅仅强调精确，容易使企业的产品结构过于单一，发展的潜力和空间受到限制。因此，要想做到精确营销，不广撒网，也能多捕鱼，就要做到以下几点。如图 5-1 所示。

要想做到精确营销，不广撒网，也能多捕鱼

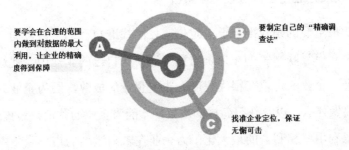

要学会在合理的范围内做到对数据的最大利用，让企业的精确度得到保障

要制定自己的"精确调查法"

找准企业定位，保证无懈可击

图 5-1 精确营销

1. 要学会在合理的范围内做到对数据的最大利用，让企业的精确度得到保障

对于大多数企业来说，想要真正实现精确撒网，就要考虑数据的精确度和范围的问题。数据的精确度越高，可选择范围越小；范围越大，数据的精确度就越粗广，因此，要学会在合理的范围内做到对数据的最大利用，让企业的准确性得到保障，实现利益的最大化。在这个条件下，就需要做到"三分范围，七分精准"。想要真正在范围和精确度上达到世界级是不现实的，所以，为了适应这个时代的要求，应适当分配自己的重心和原则，在实现范围性营销需要投入高额的成本时，不妨在范围这方面投入少一点，在精确度的提高上投入更多的精力和时间，反而能起到更好的效果。

2. 要制定自己的"精确调查法"

当前，企业家无须担心数据来源的问题，因为数据无时无刻不在产生，但收集和统计数据的方法是企业家需要考虑的。比如，有的中小型企业由于自身条件和发展规模的限制，没有属于自己的数据库，那么不妨自己建立一个数据库。互联网的飞速发展，使得数据的收集越来越方便。因此，这个数据库的建立可以帮助企业进行最基本的数据收集工作，帮助企业拥有自己的"精确调查法"，做到不广撒网，也能多捕鱼，实现企业利润的最大化。

3. 找准企业定位，保证无懈可击

企业最重要的是找准自己的定位，才能找准自己的发展方向，在大数据环境中凭借互联网＋的东风，将数据运用到自己的企业中，促进企业的快速发展。企业的定位在很大程度上决定企业的成败，因为企业只有明确自己想要做什么，以及获得怎样的成果，才能为企业的营销决策提供帮助，实现资源利用率和利益的最大化，为企业在未来激烈的市场竞争中争取有利条件。

综上所述，"不广撒网，也能多捕鱼"并不是无稽之谈。提醒企业家能够遵循市场的基本规律，与时代紧密结合，积极投身到"大数据时代"的潮流中去，利用数据，在互联网＋的推动下，以客户为中心明确企业发展方向，做到最精确的定位和营销，为自己的企业在全新的营销时代中攫取一席之地。

让数据发声，摒弃"拍脑袋"决策

大数据是近几年的 IT 热门词汇之一，越来越多的人坚信数据成为企

业发展好与坏的一个关键因素，而"拍脑袋"决策，凭经验做出的主观决定也被越来越多的人所摒弃。李克强总理曾在会议上说："要以人民利益为重，把不该管的事坚决放掉，避免'拍脑袋'决策。"因此，要想真正为企业在未来的发展中争取一席之地，就要做到让数据发声，摒弃"拍脑袋"决策。

有消息报道称 2015 年全年社会消费品零售总额为 30.1 万亿元，其中，网购交易总额为 16.2 万亿元，占比近 54%，这说明在 2015 年全民消费至少有一半是在网络上完成的。统计显示，中国消费者的消费行为还在进一步向网络交易倾斜，一个最直观的证据是当社会消费品销售总额以 10.7% 的速率增长时，网购增速总额达到了其 3 倍。全国网购消费者疯狂的"剁手"热情以及"吃土"的决心，使我国电子商务成为让世界艳羡的强力后盾。拥有数据强有力的支撑，准确地掌握客户的需求，便决定了企业的发展方向。

大数据究竟能为我们带来什么？一直让普通人摸不着头脑，理不清头绪。其实大数据在调整计生政策、解决养老金缺口、改善交通状况等政府决策中都发挥着越来越重要的作用。

如今，对数据的处理变得更加容易、更加快速，而准确快速地分析数据成为当今企业的挑战。不过，互联网＋时代的到来让大数据的收集、整理和分析更为方便，而且还受到了国家的高度重视。

尤其是在我国人口众多的情况下，对大数据的详细分析往往能给我们带来意想不到的收获，不仅在人口调查方面，还能在交通领域给人们提供帮助。比如，通过对人口与经济数据的分析发现，城市交通拥堵问题与经济中心和人口中心的偏移有关，跨区式出勤需求是造成交通拥堵剧增的重要原因。因此，让数据发声，摒弃"拍脑袋"决策成为大数据营销的重要方面。那么，如何避免"拍脑袋"做决策呢？

（1）必须要明确决策的目标。企业领导层做决策时要明确达到什么样的目标，解决哪些问题。因为，当企业具有明确的发展方向、决策时，就会专注于自身的目的和目标，以及企业运营效益成果。

（2）依靠数据，并以事实为依据。利用企业掌握的第一手数据资料，分析挖掘数据里稀缺的客户需求，进而提供精准的服务和营销策略，来帮助企业取得更大的成功。

让数据发声是大数据时代的核心。摒弃"拍脑袋"决策，只有通过数据信息之间的分析，找出相关关系，才能更容易、更快捷、更清楚地分析关联事物，得出最新、最正确的结论。

大数据让企业直接命中客户需求点

随着大数据成为国家的重点发展战略，其成为越来越多的人关注的重点。需求决定营销，而数据又是营销决策制定的关键因素，因此，企业要想直接命中客户的需求点，就必须利用大数据准确定位，只有这样，才能给消费者提供真正想要的和需要的产品，才能给企业带来无限的商机、财富。

对于企业而言，大数据的不断创新是竞争营销的依据和手段，企业没有数据为依据很难做出正确的精准决策，更别说运用大数据营销来驱动企业的运营管理了。因此，要想让企业直接命中客户的需求点，就要运用大数据。

移动互联网的飞速发展为企业及时、快速而又精准地收集数据提供了有利的平台。都说商家比消费者自己更懂消费者的需求。消费者在互联网上产生的交易数据、浏览信息、购买行为等数据，都有助于商家对消费者的消费需求做出预测和判断，最终还原每个顾客的原貌需求，从而促使消费者进行消费，实现企业利益的最大化。

大数据思维的核心就是数据的价值，通过数据处理创造商业价值，但是，企业千万不能盲目依靠经验主义来做决策，这样很难命中客户的需求点。大数据时代下的我们，每个人的行为特征基本上都会以数据的形式表现出来，甚至达到可视化呈现。

2015 年 9 月 9 日，滴滴打车正式更名为"滴滴出行"，并启用新 Logo。至此，滴滴打车完成了破茧成蝶的蜕变，从一家营销驱动公司转型为技术驱动公司，一个全球最大的移动出行数据"超级大脑"浮出水面。目前，滴滴出行注册用户数已达 2.5 亿人以上。滴滴平台系统大数据规模更是无敌，不仅能分析出马云和他的同伴们几点下班、丁磊的员工 VS 马云的员工谁更拼，还能分析出天津爆炸案后交通情况、"亚冠"夜打车需求暴涨多少倍等更多隐藏在数据背后的信息。

滴滴打车的成功转型不仅仅在于顺势了互联网的飞速发展，而且是数据技术的分析整理，能够准确预测客户的信息，最终实现精准化运营。因此，只有将大数据与企业的营销策略相结合，分析用户行为，了解用户消费观，从而优化用户体验，帮助企业更好地精准运营，才能实现企业利润的最大化。

据滴滴打车媒体研究院高级经理王占伟介绍，滴滴打车主要从"结合问题"和"结合产品"两方面展开：①征集问题，发起活动：向公众征集问题或答案，在全国重点城市发起活动，由活动推导出内容，由活动产生影响。比如，堵城投票、七夕约会地点竞猜等。②基于产品线特点，挖掘数据产生活动：结合公司不同产品线进行数据相关活动的挖掘，将数据、内容生产、活动推广、粉丝运营等渠道打通。比如,对特殊司机、乘客(TOP接单量、TOP下单量等)梳理典型,进行线上评比,并与线下见面会相结合,且发展"铁杆粉丝"进行粉丝运营。

滴滴打车之所以如此成功,不仅是因为它紧紧贴合时代的要求,更是因为大数据的大力支持。在这里,大数据最大的价值就是通过对客户的数据分析,为企业做出更准确的商业决策提供科学依据,提高决策水平,从而进一步挖掘市场机会,提升运营效率,降低运营风险,实现企业和客户无缝对接的梦想。那么,要想做到让大数据直接命中客户的需求点,要做到什么呢?如图 5-2 所示。

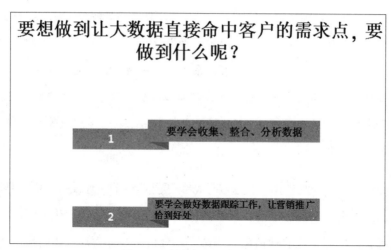

要想做到让大数据直接命中客户的需求点,要做到什么呢?

1 要学会收集、整合、分析数据

2 要学会做好数据跟踪工作,让营销推广恰到好处

图 5-2 直接命中客户的做法

1. 要学会收集、掌握、分析数据

互联网带来了信息大爆炸,面对海量的数据,如何对其进行收集、整理、掌握和分析成为企业命中客户需求点的主要内容。客户的定位、需求量大小、需求种类这些因素都可能决定企业的成败。在信息高速流通的商业时代,客户的每一条评价都可以发挥正面或负面的营销,为企业带来不同的

营销效果。所以企业一定要做客户信息的收集、整理和分析工作，掌握客户需求的第一手数据，只有掌握了第一手数据，才能更好地为企业的发展决策提供有利支持。

2. 要学会做好数据跟踪工作，让营销推广恰到好处

普通的老年人在购买商品时更看重营养品、保健品和养生锻炼方面的广告；而年轻人更关注化妆品、护肤品和新潮的电子产品。企业在分析消费者需求时需要考虑到各方面的问题，而考虑这些问题的依据是什么呢？那就是大数据，通过数据信息深入了解客户的需求，做到精确营销，同时让数据贯穿企业和消费者的方方面面，最终实现长久的相互利益，才能做到贯穿消费者一生的销售。

在大数据时代，企业有很多机会零距离走进消费者，了解他们的真实想法，甚至能够和消费者一起去体验和感受，这些都是因为企业在大数据的指引下游刃有余地掌握了消费者的需求点，并抓牢消费者的各种关键时刻，做到真正让大数据命中客户的需求点。

分析用户特征与行为，找出用户需求

以客户为上帝的营销的关键就是找准消费者的需求点，明白客户想要什么，想做什么。只有这样，才能找准营销的关键之处，才能洞察市场的需求。对于企业来说，营销范围是比较宽泛的，例如，内部管理、竞争对手、客户需求、部门制度、市场环境等都属于营销。如果企业做不到分析用户的特征与行为，不能找准客户需求，则很容易迷失在营销的大河中，找不到方向。

互联网的飞速发展不断带动技术革命的创新，企业要想找出客户需求，洞察市场的营销方向，就必须要学会分析客户的特征与行为，并且还要学会精准匹配客户需求，清楚用户所需求的商品种类、品牌和价格，并落实到具体营销中去。假如企业做不到找准客户需求，就找不到用户，反而会因为判断失误引起客户的反感，耗时耗力，得不偿失。

2015 年"双 11"海尔在全网家电类销售总排名位居第一，金额总计超过 11 亿元。市场普遍认为"双 11"后家电行业会进入"空窗期"。然而，让人意想不到的是，截至 2015 年 12 月 5 日 16 时，"海尔大事件"一天之内交互用户 500 万人次，销售额达到 56 亿元。

数据显示，虽然这几年电商的销售数字非常亮眼，但是线下依然是消费者购买家电产品的主流渠道。通过与用户深度交互并且运用大数据分析用户需求之后，海尔在"双 11"之后紧接着推出"12·5 海尔大事件"，借助大数据激活用户的潜在需求。通过与红星美凯龙、日日顺、海尔金融、有住网等一线异业资源共享数据，并借助五金建材、家居家装、影视娱乐等上游链寻找新用户资源，对用户需求进行模型分析，精准地找到这部分有购买需求的潜在用户，并对潜在用户需求进行了集中引爆。

数据分析显示，具有家电更新需求的老用户是此次"海尔大事件"的主要动力，而发现这部分用户需求的海尔 SCRM 会员大数据平台功不可没。多年的会员培养成为海尔挖掘家电更新意愿的数据资产，截至目前，SCRM 平台累积了超过 1.2 亿个线下实名会员数据。同时，海尔依托遍布全国的营销网络、分支机构、渠道系统的相关工作人员在各地排查老客户聚集区，在住宅小区内通知或者走访老客户，让这次大事件的营销信息得以直接有效地快速传递。据不完全统计，在"海尔大事件"期间，全国约 500 万人到海尔各地的制造基地、运动场馆抢购海尔家电。

由以上案例可以看出，海尔家电不仅仅在研制各种产品，更是采用精准化的营销方式，充分利用大数据和自己拥有的用户信息，为企业的发展创造新市场，不断满足用户需求。毋庸置疑，海尔作为整个行业的领军力量，从高大上的公共领域服务，到让每个消费者都可以享受的私人定制，实现了大数据领域的一次跨界融合。

互联网经济的发展改变了我们原有的消费模式，假如用传统的营销方式等待消费者主动购买，企业在销售淡季的日子将异常难熬。因此，要想真正实现企业利益的最大化，就不得不重视用户的需求。淡旺季的思维在各行各业都成为了默认思维，而大数据的存在，彻底颠覆了其本质思想，促进了各行各业的飞快发展。因为用户需求是真实客观存在的，只有真正做到了分析用户特征与行为，找出用户需求，才能促进企业更好地做出产品决策。那么，究竟如何做到分析用户特征与行为，找出用户的需求呢？如图 5-3 所示。

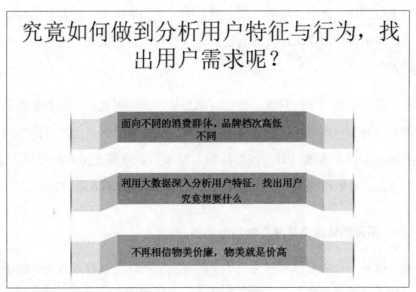

图 5-3　分析用户找出需求

1. 面向不同的消费群体，品牌档次高低不同

大家都知道，品牌有高、中、低端之分，高端产品的质量、品牌效果肯定比低成本的产品好，当然，产品价格相对来说也会高一些。虽然消费的价位很高，高到让心滴血，但大多数都有很满意的消费体验。

有一部分人追求实用，认为假如质量相差不多，就不必花高价钱去买那些贵的产品，或者因为价格问题，而选择稍微便宜一些的产品，这都是商家应该知道的。因此，在制定营销策略时要利用不同消费者的消费模式，去寻找品牌的生存与发展空间。不仅有高档产品，还要有中、低档产品。正因为人们有这样的消费理念，所有品牌才会有高低之分，企业应充分运用这样的消费理念，为企业或个体发展获取更多的品牌利润。

2. 利用大数据深入分析用户特征，找出用户究竟想要什么

数据的表现形式是了解客户的信息。企业要想做到知己知彼，了解客户需求的价位、品牌、种类，就必须借助大量的数据来分析客户的特征和行为，找出客户的需求，从而制定出适合客户的营销策略，实现企业利润的最大化。

但有一个很现实的问题，数据从哪里来？这个时候，一般企业会通过利用互联网公司或者网络运营商的力量来进行数据分析，同时借助公司内部资源，亲力亲为通过调查得到数据，将数据融合找出用户真正的需求，从而对消费者的需求做一个较为完美的定位，实现营销效果的最大化。

3. 不再相信物美价廉，物美就是价高

当前是一个消费水平和生活水平爆棚的时代，在这种条件下，物美价廉已成为过去式营销手段。在当今社会，营销成本不断提高，产品质量越

来越重要，相应的销售价格就不可能便宜太多。而且最关键的是客户更需要消费过程中的享受，并注重高质量的产品和服务，因此，只要物有所值，就不会对价格有过多的要求。所以在了解客户的产品需求、品牌之后，还需要了解客户对商品的价格承受范围，才能更好地找出客户需求。

真正分析出客户的特征与行为，挖掘出客户需求，就能更好地让企业屹立于残酷的商场竞争中，决定企业甚至是行业的生存和发展前景。用户喜欢的、需要的，才是企业发展的目标方向，也是企业在未来的竞争中取得胜利的根本。

第 6 章

大数据让互联网金融畅通无阻

最近几年，随着互联网技术的不断发展和科学技术的不断进步，在大数据的影响下，各行各业都在发生着明显的变化，尤其是金融业最为显著。大数据在互联网的有利条件的支持下，不断改变着金融业的发展，形成了传统金融行业和互联网数据相结合的新兴领域，即互联网金融。互联网金融带给我们很多更快、更精准的生活体验，为我们提供了更广阔的选择空间和成功机会。

移动支付的核心是大数据

随着移动互联网的不断发展，移动支付成为越来越多人的选择。在购物等方面通过支付宝或者微信进行付款，已成为社会的主流消费模式。如今，越来越多的人会掏出手机（而不是钱包或者银行卡）进行支付。支付宝或者微信成为我们的掌上钱包，帮助我们完成衣食住行等基础的日常生活消费。

移动支付成为互联网发展的一个重要特点，处于大数据时代下的我们，一切消费行为都是透明化的。无论是消费者留下的信息，还是本身已公开的信息都可以利用数据进行分析，精准化营销，进而使得移动支付有更大的市场，创造更大的市场消费。

在支付宝、微信支付不断发展的今天，移动支付成为主流的消费方式，但是假如没有大数据作支撑，移动支付的发展远远达不到如今的水平，大数据的存在帮助移动支付提供了更好的平台。但对于企业来说，移动支付并不仅仅是增加一个交易支付通道，而是为商家推进O2O营销策略提供更强大的支持。

为什么移动支付的核心是大数据呢？要从以下两个方面来找答案。

一方面，移动支付需要大数据的前期分析作为其推广基础。移动支付的存在需要选择合适的人群，并拥有一定的受众基础。虽然在当今社会，移动互联网的飞速发展带来了科技的一系列创新，越来越多的人也开始接受移动支付带来的便捷性。但是，由于中国的国情让很多较大年龄或者文化程度较低的一部分人较难接受移动支付，因此，移动支付的前提就是选择合适的人群进行推广和营销，使移动支付概念深入人心。

另一方面，移动支付的推广为大数据提供了更多、更有效的数据，从而达到更好的营销目的。在使用移动支付的过程中不可避免地要留下用户信息，这些信息构成海量的数据，方便商家收集数据，并且进行数据分析和挖掘研究，最终选择合适的营销方案，实现企业利润的最大化。

因此，移动支付的核心是大数据，只有真正地将大数据和移动支付融合起来，才能更好地推动移动支付深入人心。当前移动支付越来越受大家的欢迎，其中以支付宝和微信支付为主要支付方式。

在 2015—2016 年的跨年夜，腾讯旗下的手机微信支付和 QQ 钱包成为移动支付市场的最大赢家，反观行业霸主支付宝显得格外沉寂，不过移动支付仍处于发展初期，增长潜力巨大，市场格局远远未定，2016 年阿里与腾讯双雄争霸的局面仍在持续。

单独看微信支付和 QQ 钱包的数据的确非常抢眼，跨年夜微信红包收发总量达到 23.1 亿次，峰值一分钟发出 240 万个红包、620 万个红包被拆开；QQ 钱包刷一刷抢红包用户达 1.72 亿次，人均刷 424 次，共刷出 5.62 亿红包。在这亮丽成绩的背后，离不开红包这一"核武器"功能的加持。同时，通过对比微信、QQ 红包用户群和使用功能，不难发现处于弱势的 QQ 正尝试与微信形成一定区隔，QQ 走年轻化路线，贴合"90 后"用户；微信则面向大众，相比 QQ 红包，其使用方法较保守。

另一移动支付霸主支付宝的缺席，使跨年夜上演红包大战的愿望落空。阿里、腾讯正面交锋不可避免，其中支付宝已先拿下一城，以 2.69 亿元拿下央视春晚独家互动平台，马化腾曾透露支付宝非常拼，微信在春晚投标时败北。

在移动支付市场上，支付宝和微信支付处于领先地位，这个领先地位也是因为具有大数据的强力支持。只有拥有了强大的用户信息基础，才能更好地进行移动支付推广和营销。而支付宝和微信支付正是因为拥有了大数据资料的积累，才有了领先一步的成就。

在移动支付市场上，谁拥有较多的用户信息，谁就有拥有更多客户的可能，移动支付的核心是大数据，大数据能帮助移动支付更好地进行营销。在移动互联网飞速发展的今天，最核心的资源就是大数据平台。通过大数据，就可以对用户进行精准的用户画像和场景化分析，从而进行更精准的营销，最终使企业或个体在移动支付市场上占据一席之地。

P2P 网贷利用大数据，让人人都可以投融资

随着互联网技术的发展和网络环境的日益成熟，P2P 网贷也逐渐走进人们的生活和工作中。很多人都会有这样的疑问，P2P 究竟是什么？简单翻译就是 Peer to Peer 或者 Person to Person 的缩写形式，即点对点、人对人。而 P2P 网贷就是 P2P 网络贷款，是指个人或者法人通过独立的第三方网络平台相互借贷。P2P 网贷是由 P2P 借贷发展而来的，并逐渐从民间走向了网络，直到今天，利用第三方网络平台让人人都可以投融资，成为了人人贷。

在很早以前，P2P 借贷就出现在人们的生活中，它是一种简单的借贷方式，就是甲从乙那借一笔钱，在约定的时间内乙还钱并支付一定的利息给甲。这种借贷方式具有一定的局限性，并只限于熟人之间，对于那些需要用钱但又不认识有钱人的借贷者，那就有借不到钱的可能性。但是随着网络环境和互联网技术的日益成熟，传统的借贷方式发展成了 P2P 网贷，并被越来越多的人所接受。

利用大数据，P2P 网贷在我国迅速发展。第三方统计机构获取的互联网网贷平台的数据显示，截至 2016 年 3 月底，P2P 网贷行业历史累计成交量约 1.7 万亿元，并且这个数据只是线上平台的数据统计，不包括线下 P2P 机构的数据。最关键的是，通过线下门店成交的 P2P 理财交易数据远远高于线上数据，因此，P2P 网贷在我国的发展已经远远超过预期的控制。

当 P2P 机构发现大数据之后，通过大数据对借款人进行特征分析，从而实现线上风险控制流程，这是 P2P 网贷实现的最高梦想。拍拍贷作为中国首个 P2P 网贷公司，一直致力于科技的最前沿，利用大数据，让人人成

为投融资者。互联网金融的核心是风险控制，互联网金融风控的基础是大数据。那么，拍拍贷在大数据积累和风控模型校准方面积累了哪些经验？这一新的风控模型又有哪些秘诀？《21世纪》独家专访了拍拍贷创始人、CEO张俊，他曾经这样说：

拍拍贷风控的基本思路是基于一些假设来判断借款人的信用资质，并在不断积累数据的基础上，逐渐提高假设和模型的精确性。比如，我们假设女性比男性的信用程度更高，已婚的比未婚的信用程度更高，有小孩的比没有小孩的信用程度更高等。

通过这些经验总结，我们逐渐知道哪些假设是准确的，哪些假设是不可行的。然后做分析，找出影响一个人守信、违约的因素。比如影响一个人的学历权重占百分之多少，婚姻状况占百分之多少，通过分析建立模型的内在逻辑，这样可以进一步进行信用评分。

早期风控更多的是使用 Case By Case 的分析模型 1.0，采用回归方式，设定一些因子，进行定性和非定性分析，判断因子的显著性。通过大量的交易，挖掘发现好样本、坏样本以及介于二者之间的样本。分析模型 2.0 则基于对此人群进行细分，有近 10 个群体维度。模型 1.0 版更多的是评估静态因子，模型 2.0 版则加入大数据形成影响因子；模型 1.0 版有 4 个子模型，模型 2.0 版增加到 18 个子模型，对人性的判断更准确。

这是一个在假设基础上不断优化假设的过程。大数据形成的因子，主要有哪些呢？

第一，通过拍拍贷自主研发的搜索引擎，对借款人的网络行为轨迹进行捕捉。比如，在女性论坛上"求包养"的行为，系统视为高风险。

第二，鼓励借款人将账号与微博、Qzone 等社交网络账号关联，并发现粉丝数 50 是分界线，50 以上和以下会呈现不同的违约率，粉丝数达到 50 以上的违约率可能只有粉丝数 50 以下违约率的 1/3。粉丝数量的多寡和每天转发微博的条数等都会呈现不同的特征。

第三，投资人登录拍拍贷网站的习惯。我们发现凌晨两点之后上网的借款人的违约率是之前时间点上网的两倍多。

第四，填写速度。正常借款人填写信息平均耗时 3 分钟，那些填写时间不足 1 分钟或者超过 5 分钟，以及在填写过程中不断修改的借款人，违约率

由以上内容可以看出，大数据的存在可以帮助 P2P 网贷更好地进入大家的视线中，只有这样，人人才能更好地进行 P2P 网贷。但是，要想真正利用大数据，让人人都可以投融资，还需注意如图 6-1 所示的两个问题。

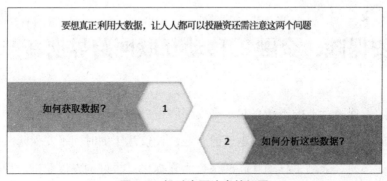

图 6-1　投融资要注意的问题

1. 如何获取数据，使得人人都可以投融资

在大数据时代下，只有真正掌握用户的信息，比如用户现金流动信息、行为偏好、信息偏好、人际交往信息、消费场所信息等，对用户的诚信信息

做一个大体的评估，才能减少投资的风险。相信一个诚信等级良好的人更容易得到大家的认同，也更容易获得投资。

2. 如何分析这些数据，使 P2P 网贷真正得到大家的信任

大家都知道，各行业认可数据的收集和整理分析，阿里和百度是两家最大、最完善的企业。从数据和社会征信角度出发，充分利用这两家大企业的数据信息，筛选有效数据，摒弃无效数据，真正让数据为 P2P 网贷服务，实现人人成为投融资的愿景。

看到这里，相信大家已经对 P2P 网贷有了一定的了解和认知，而数据对网贷的影响也是不言而喻的，只有真正让数据为 P2P 网贷服务，打造好 P2P 网贷门户，抓住机遇，在征信系统、行业数据、行业资讯、安全问题等方面夯实基础，当真正解决这些问题之后，才能利用大数据让人人成为投融资者。

平安保险：金融＋移动互联网跨界创新产品

随着保险行业的不断兴起，平安保险也逐渐走进人们的视线中，越来越多的人开始重视这个成长迅速的企业，仅仅几年的时间平安保险就成为行业的翘楚。金融＋移动互联网平台为它提供了很好的发展基础，使其成为了跨界创新企业。

作为保险行业的佼佼者，平安保险一直致力于将移动互联网和金融相结合，打造更为先进和方便的用户体验平台，并始终紧跟时代潮流，创造金融和移动互联网的跨界创新产品。而在汽车保险行业，平安保险一直不

断地创新、发展，"好车主"就是一个典型。

"好车主"将购险、理赔、违章查询与车联网服务数据相融合，打造最佳用户体验的创新服务。基于车险电商模式，平安保险建立了以自有平台为入口的车主用户生态圈，并摆脱了第三方平台的局限性，获得了灵活的业务模式和产销渠道。"好车主"APP 实现了保险由线下渠道营销向线上电商营销的转变，是移动互联网与金融业务的一次创新性融合。

作为用户体验创新的先驱，FaceUI（一家专注于手机系统、APP 应用、智能家居等移动领域的 UI 设计公司）在"好车主"APP 创新过程中注入的互联网思维为其崭露头角提供了条件。"好车主"产品无论是在定制设计还是功能开发上都基于了移动平台上的碎片化使用情景，比如实时跟踪从违章通知到事故理赔的流程进度。场景化销售则是"好车主"APP 与车联网跨界融合后的又一个独特创新。与传统保险推销、说服客户、发掘新客户的销售模式不同，FaceUI 将"好车主"APP 的保险服务嵌进车联网服务的环节中，以使用场景激发购险需求。比如 APP 的"平安行"功能将车主驾驶车辆的轨迹、状态转化为对驾驶的评分，在安全出行情况下的奖励可以转化为保费的积分，或者对出行风险进行评估并提供保险带来的风险控制。在 APP 的社会化传播方面，对产品实现了多种社会化营销设计，比如抽红包、赠车主礼品、赠送各类养护服务等，以 APP 为信息基点，利用各类网络信息平台，协助营销方案更广泛地传播，让核心信息精准及时地传达给客户，如图 6-2 所示。

由以上案例可以看出，平安保险一直致力于科技的最前沿，不断创新自己的产品模式，争取做到行业的最前沿。尤其是在 2015 年，保险行业的飞速增长也给平安保险带来了新的历史机遇，只有真正将移动互联网与金融结合，才能创造行业楷模。那么，平安保险究竟是如何将移动互联网和金融跨界结合在一起的呢？如图 6-3 所示。

图 6-2　多种社会化营销设计

图 6-3　平安保险将移动互联网与金融跨界结合在一起

1. 数据让保险种类做到更精确的定价，保障性价比较高

产品性价比是客户追求的重要消费指标之一，同样的价格，用户肯定会偏向于性价比更高的产品。而平安保险就是利用数据技术，分析历年的销售数据和险种比例，让企业能够清晰地知道每一个险种应该在什么价格，能够给企业带来多大的利润，销量大概有多少，由此得出互联网和金融利用大数据成就了如今的平安保险。

平安保险通过对大数据的运用，紧密结合最新的互联网和金融信息，以及通过对数据进行分析，预先知道企业每种保险承受的价格范围，牢牢占据市场的主动权，主动调整保险种类的价格，以应对变幻莫测的市场，吸引更多的客户。这就是平安保险跨界产品成功的原因。

2. 利用互联网的最新技术做到精细化操作流程，方便客户、方便企业

互联网技术的不断发展促进了大数据技术的发展，而数据技术带来了精细化操作流程，方便企业，也方便了客户。保险行业最开始时，保险公司的营销方式是四处打广告，或让业务员登门家家户户做推销，这样不仅效率低下，还浪费了大量的人力、物力，人力资源成本大大提高。

随着互联网技术的出现，平安保险抓住互联网崛起的机会，选择了全新的数据系统，实现了在线宣传、咨询、销售、售后及回访这一系列工作流程。而且一旦新老客户在官网上注册了账号，录入信息后，企业便能够时刻追踪到客户的需求，牢牢贴合这些用户，促进二次消费。

互联网的飞速发展带动了各行各业大数据的融合发展，平安保险就是其中一个典型的互联网和金融相结合的跨界新产品，它不仅紧跟时代潮流，还将大数据完美地融合到企业的发展中，促进了整个行业的发展与进步。

中信银行：大数据打造全流程网银

由上文可知，越来越多的企业将大数据与自身的发展结合起来，尤其是互联网金融浪潮的到来，更加促使商业银行不得不进行一系列改革创新，促进企业自身的发展，来应对这场激烈的市场竞争。中信银行在网络金融业务领域的探索中一直走在行业前沿，企业利用大数据打造了全流程网银业务，大大提高了企业的效率，给用户提供快、准、爽的体验。

早在 2013 年，中信银行便主动出击，在行业内率先开创了 POS 贷商业模式，真正地利用网络大数据提升小微贷款发放效率。最关键的是继支付宝扫码付、腾讯微 POS 扫码付之后，中信银行推出了具有自身特色的防备战术——异度支付手机客户端，并不断丰富其应用。从业绩数据上看，中信银行在网络金融领域的表现分外抢眼。

中信银行李庆萍曾说："中信银行未来的总体发展思路是深化结构调整，加快企业经营转型，守住风险底线；为应对经济周期的变化，将加快客户结构、业务结构和收入结构的调整，实现公司、零售和金融市场三大板块业务的融合协调发展。"

创新是每一个行业发展的根本驱动力，中信银行在网络融资领域的主动出击引领了行业风潮。率先利用大数据打造全流程网银，将数据真正应用到企业中，在打造创新全流程网银时，企业前期对大数据信息进行精确筛选，对挖掘出的客户做到精准营销和集中营销，降低对小微客户的营销成本，并将中信银行的各项业务不断完善，不断扩展用户，实现银行利润的最大化。

中信银行在网络金融领域的创新远远不止这些，在移动支付领域，中信银行有独具特色的防备战术异度支付手机客户端，集财富管理和生活服务于一体。而且在 2016 年 1 月中信银行官网的新平台高版本上线，涉及核心、交易、渠道等 100 多套系统平台，取得了极大的成功。

中信银行把"POS 商户网络贷款"设计为：无抵押、无担保的小额短期线上信用贷款，该产品主要针对的是小微企业主和个体商户。其最大的特色是以商户自身稳定的 POS 交易记录信用体系为贷款审批的主要依据，交易流水越多额度越高。

具体流程是，POS 商户登录并且提交贷款申请后，后台系统在线自动审批该项贷款，并快速计算贷款额度，最高可贷额度为 50 万元。贷款期限最长 90 天，灵活随借随还，按日计息。申请、审批、提款、还款等手续全部都在线完成。

据业内人士介绍，POS 贷款业务的主要原理是第三方支付平台在 POS 机商户和银行之间进行"撮合"，接入银行的快速贷款渠道。在商户的授权下，银行根据商户日常真实发生的 POS 交易流水，对符合资质的商户进行征信评估和发放贷款。据调查发现，在实际操作过程中，贷款担保以及防止"流水造假"等数据至关重要。中信银行客户经理介绍："在实际操作中，小微企业的贷款申请通过率仍不到七成，主要是核心的贷款担保、安全问题有待解决。而 POS 商户网贷业务是以商户自身稳定的 POS 交易记录为贷款审批的主要依据的，从真正意义上为小微企业绕开了抵押物的屏障。"

中信银行希望通过以大数据为基础的支付方式、数据挖掘和财务管理的转型变革，产生新的经营模式和赢利模式。并于 2013 年启动了"数据银行"项目，将具体目标落实到一个面向互联网架构、可承接当前银行相关主营业务，且可承载银行未来业务转型需要的大数据平台。中信银行大数据平台于 2015

年1月16日正式上线，第一个应用为——历史数据查询系统，并且个人综合对账单系统应用、反洗钱风险管控系统、卡中心历史存档平台等多个业务也将陆续上线。

中信银行始终坚持利用大数据，做到真正地用大数据打造全流程网银，不仅仅将银行的产品发展起来，而且还促进了银行的创新与发展。那么，中信银行是如何利用大数据来打造全流程网银服务的呢？如图6-4所示。

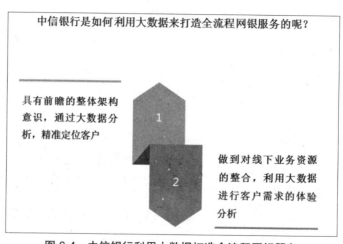

图6-4　中信银行利用大数据打造全流程网银服务

1. 具有前瞻的整体架构意识，通过大数据分析，精准定位客户

中信银行之所以能在激烈的市场竞争中取得今天的成就，主要依托的是提供差异化的创新增值服务。而创新增值服务则来自于对客户需求的精确把握，快速持续地通过分析庞大的用户数据，找到客户的需求。

中信银行对客户进行特点挖掘，找出不同的客户消费场景，把这些场景联系起来，做出服务创新的设计。让用户感觉到非常贴心，并走进用户的心里，争取创造出以客户为中心、以客户需求为导向、用户体验制胜的新商业时代。中信银行的这些营销理念都是以大数据为支撑的。

美国著名的大数据专家大卫·芬雷布从整个大数据发展全局、投资布局角度，特别强调把重心放在大数据应用体系建设上。中信银行始终坚持以"客户的好友也是我们的客户"为理念，不断扩展自己的客户群，扩大自己的信息资源，从而达到全流程网银服务。

2. 做到对线下业务资源的整合，利用大数据进行客户需求的体验分析

在中信银行的业务中，对线下业务资源的整合充分利用了移动互联网技术，精准定位商圈，然后根据用户活动轨迹追踪，确定高价值商圈，设计业务，最后再利用大数据进行客户需求的体验分析，既包括客户的需求，也包括客户的体验，最终实现客户全流程服务。

中信银行运用互联网开拓业务，进行模式创新，利用大数据对线下资源进行整合，挖掘客户的真正需求，占得了市场先机，取得了高效的业绩。中信银行的成功引起其他企业的借鉴，对于企业来说，只有不断学习，不断创新，才能带动整个行业的发展。

招商银行：利用大数据进行创新营销

在众多企业的共同努力下，大数据已转型为传统商业银行触手可及的技术，其中招商银行就是典型的代表。经过两年的摸索期，招商银行切身体会到了大数据为金融服务、金融创新所带来的惊人改变，因此，率先踏出大数据分析为互联网金融服务的关键一步，走出了互联网金融"弱势群体"的阴影，成为了大数据营销创新的典型代表。

在探索大数据奥秘的过程中，互联网金融企业对大数据技术的应用都敬而远之，更不用说以"谨慎"著称的传统的招商银行。早在1999年，招商银行就建立了数据仓库系统，并展开了在数据挖掘、数据分析领域的摸索。正是对数据价值的重视，让招商银行顺利走上了大数据探索之路。2012年年初，招商银行就构建了基于云计算系统的大数据平台。2016年，招商银行做出了推进大数据发展建设的纲要。这对于一直"只选择成熟技术"的银行业用户而言，招商银行的尝试似乎很冒险。

但是，作为中国第一家由企业法人持股的股份制商业银行，招商银行很早就把"从数据中发现价值"的能力作为银行发展、保持竞争力的基础能力，招商银行可谓高瞻远瞩。

招商银行秉承其"创新"的主流价值观，希望通过手机银行APP数字化运营方式，为客户提供优质的体验与服务，实现在维护现有客户的基础上，拓展全新的客户群体，创造良性的客户存留环境，最终激活客户的金融交易。

当然，针对究竟如何稳步准确地推进数字化运营，达到获客、留存、激活的目的，招商银行总行需要一个全面、准确的解决方案。招商银行手机银行APP作为招行和客户沟通、为客户提供服务的主要渠道，还缺乏有力的数据监测和掌控能力，尽管拥有庞大的交易数据，但仍无法实现移动APP的数字化运营。手机移动APP的用户体验和服务需要银行大数据支撑，通过精准的数据库平台和相关技术服务了解用户偏好，并为其提供个性化的金融服务，从而提升招商银行总行向互联网移动运营方向转型的能力，提高招商银行总行移动运营的水平。

在招商银行利用大数据推进公司数字化运营的过程中，数据是决策的主要依据，只有通过数据才能了解到客户的需求，精准地搭建数据体系。

而大数据应用体系的建设，包含了一系列数据应用技术和管理措施政策，是一个全面的系统性工程。

招商银行信息技术部、数据仓库开发团队负责人吴颖在"第六届中国（深圳）金融信息服务发展论坛银行保险业分论坛"上讲："互联网特别是移动互联网对银行的冲击，大家都深有体会。以招商银行为例，目前我们手机银行的登录次数已经是网点访问量的10倍，是网上银行专业版的2倍，同时这个数字仍以每月10%的速度持续增长。移动互联网的流量竞争和经营，会是未来竞争的一个主战场。最近招商银行发布的手机银行3.0版，它的整个设计思路与之前的版本有非常大的变化。做这样一个变化的目的，就是想通过打造极简金融、极致体验去抢占移动互联网的制高点。从表面上看，手机银行和移动互联网是银行与客户在交互渠道上的一个革新，但是更为本质的是数据驱动对银行服务的一种颠覆。

互联网和移动互联网给银行业带来了无限新商机。互联网思维正在影响我们整个社会的方方面面，包括普惠、开放、极致体验等一些概念，已经对传统银行业提出了巨大的挑战。既然这个挑战已经不可避免，作为一个主要的数据拥有者——银行，是不是可以直面挑战、抓住机遇、争取递袭？这是需要我们思考的。以下四点是招商银行在大数据应用体系建设过程中所遵循的指导思想：

第一，就单一的大数据技术而言，它并不能够解决招商银行所面临的所有技术问题。另一方面，不是遇到的所有问题都可以用技术去解决。所以不能对单一的技术存在过度的预期，这是招商银行的一个观点。

第二，传统的仓库技术与新兴技术之间不应该是一种替代关系，而更多的应是一种互补关系。

第三，在进行相关业务系统平台建设时，不能单纯为了技术而技术。

任何一种技术的采用，最终都需要回归到能够提升业务洞察力的目标上。

第四，当前整个大数据领域均处于基础建设阶段，投入资金、人力资源实际上会大于产出，企业需要把有限的资源应用到关键节点，快速试错，避免偏大求全。"

由以上案例可以看出，尽管大数据在企业的发展中占据着越来越重的比例，但在具体的实践之中需要理性看待，避免出现头脑发热、一哄而上的局面。只有用全面的、全局性的视角去思考，才能更好地正视过去、立足现在、放眼未来，真正搭建起数据应用体系，实现企业的飞速发展。那么，招商银行究竟是如何搭建大数据应用体系，并进行营销创新的呢？如图 6-5 所示。

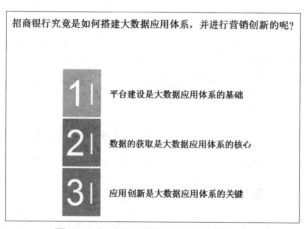

图 6-5　招商银行搭建大数据应用体系

1. 平台建设是大数据应用体系的基础

在招商银行搭建的大数据体系下，平台建设是基础，只有真正搭建好大数据平台，才能达到搭建大数据应用体系的目的。而招商银行最核心的两个平台是：传统的数据仓库平台和大数据平台。招商银行对这两个平台的定位是不尽相同的，因为只有搭建好平台，才能进行后续大数据应用体系的建设，才能真正利用大数据进行创新营销。

2. 数据的获取是大数据应用体系的核心

在大数据体系下，数据是核心部分，只有获取海量数据，才能挖掘客户的需求。因此，要想真正做到为客户服务，就需要利用数据分析客户的行为特征，找出客户的需求点。找到真正适合企业、适合客户的服务体系，利用大数据进行创新营销。

3. 应用创新是大数据应用体系的关键

所有平台的设计都是为了引入更多的应用，而应用的创新数据价值才是体系中的关键部分。因此，通过标准的开放接口，让外部应用访问大数据平台系统，使数据应用创新。要做到基于大数据创新的工具、方法，探索分析数据创新应用的生态环境，只有这样，才能将创新真正应用到企业实践中。

三者缺一不可，简单地说，就是招商银行认为平台是基础、数据是核心、应用是关键。整个大数据应用平台的建设涉及非常庞大的投资，大数据的发展是一个全新的产业，目前还处于基础建设阶段，我们需要甄别和关注重点，做到有的放矢，搭建起企业所需而又具有长远利益的大数据应用体系，让企业不断地创新发展。

第7章

大数据与餐饮业

越来越多的行业开始重视大数据，将大数据与互联网整合，应用于改善自身企业经营，并更好地服务客户，应用于企业更广阔的发展空间，并全身心地投入大数据营销，而餐饮业就是其中的典范。大数据＋互联网帮助餐饮业颠覆了传统模式，全面提升了顾客的用餐体验，给餐饮业带来了翻天覆地的变化。

企业利用大数据在菜谱上做文章

餐饮业是一个与大家生活息息相关的产业，随大数据的蓬勃发展，在餐饮业中，大数据也发挥着不可替代的作用。而在餐饮行业中，菜谱的数据信息又占据比较重要的部分，大数据被广泛地应用于菜谱，因此企业利用大数据在菜谱上大做文章。

餐饮企业利用大数据平台海量的消费者信息去了解消费者的喜好需求，找准企业的经营目标。根据数据分析结论帮助企业精准营销，从而满足消费者的需求，使企业达到利润最大化的目的。

在大数据时代中，通过数据分析，深挖客户需求，找出客户的需求点，这才是大数据的真正价值所在。而餐饮业中那份简单的菜谱也是由大数据操控的。大数据究竟是如何对菜谱大做文章的？

春节是中国人民的传统节日，而春节期间大家最喜欢的就是走亲戚、朋友吃饭聚会。以前，北京市民习惯将外出就餐称为"下馆子"，但是在春节期间，北京市民下馆子爱吃什么呢？2016 年北京屏芯科技公司通过调取春节期间北京市民外出就餐后台海量的数据，用大数据分析的方式帮助大家找到结论。

结论显示大多数人更青睐中餐馆。以春节前与春节期间的营业数据对比，中餐馆在春节期间的营业额，消费单价较春节之前均有增长，日均订单数则有小幅下降，说明在春节期间选择中餐馆均为家庭聚餐、友人聚会，相比平常营业则体现出人数多、消费单价高、开台数低的现象。

如图 7-1 和图 7-2 所示，在春节期间外出到中餐馆就餐的北京老百姓仍然青睐荤菜，同时汤类的占据有所上升，可能与春节期间大幅度的降温有关。同时春节期间外出就餐不同于商务就餐，多为亲友家人，所以家常菜的占比有所上升。

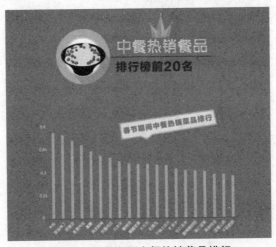

图 7-1　春节期间中餐热销菜品排行

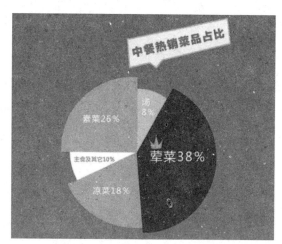

图 7-2　中餐热销菜品占比

与中餐馆在春节期间的火爆情况相反，火锅、涮锅和烧烤类餐厅则表现相对平缓，这两类餐厅日均营业额均有小幅下降，但是火锅或者涮锅在春节期间开台数有所增加。倾向认为在春节后期同学之间的聚会更多选择这一类的餐饮，而其中热销菜品的占比也各不相同。如图 7-3 所示。

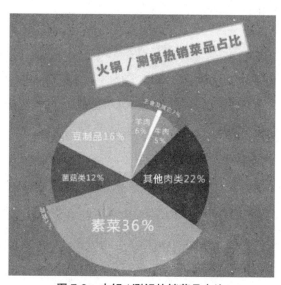

图 7-3　火锅 / 涮锅热销菜品占比

如图 7-3 所示的占比大家可以看出，虽然从肉类占比上看羊肉、牛肉以及其他肉类总共占比为 33%，但是素菜类以 36% 的占比成为第一，说明北京百姓在选择火锅或者涮锅类时点餐结构已经趋于合理化，同时凉菜在火锅餐饮中的占比仅为 1%，说明选择火锅的顾客对凉菜的需求不高。

在 2015 年热映的电影《头脑特工队》中，根据全球不同国家的餐饮大数据调查，中美两国适龄儿童最讨厌的食物中西兰花占最大比例，所以在中美上映的该影片版本里主人公小女孩莱莉最厌恶的食品是西兰花；日本适龄儿童最讨厌的食物是青椒，因此在日本上映的版本中（西兰花）则被青椒所替代。大数据的发展在潜移默化中影响着越来越多的人，无论是电影，还是衣食住行。那么，究竟如何应用大数据在菜谱上大有作为呢？

1. 要学会以季节划分菜谱

就好像冬天吃火锅，夏天吃烧烤一样，每个季节都有企业的重点菜品。从火锅店收集的数据中可以得出，不同季节的菜品关联性弱，夏季注重烧烤类菜品，冬季集中为火锅类菜品。

所以在餐饮业的经营中，可以划分为两种不同类型的菜谱，夏季单独为烧烤类菜品进行菜谱设置，冬季多集中以火锅类菜品为主。因此，餐饮中的菜谱可依据大数据中火锅类菜品的畅销度及关联性选择不同的套餐设定，或分为偏素菜类、偏肉食类或均衡类的套餐设定，或者以价格区间来进行设定，缩短顾客在点单环节上的时间，相应提高餐厅的营业额。如图 7-4 所示。

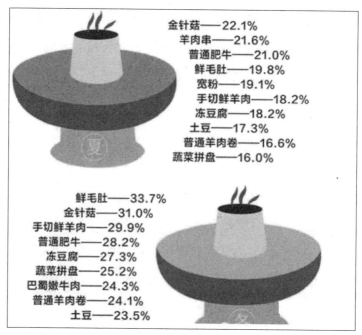

金针菇——22.1%
羊肉串——21.6%
普通肥牛——21.0%
鲜毛肚——19.8%
宽粉——19.1%
手切鲜羊肉——18.2%
冻豆腐——18.2%
土豆——17.3%
普通羊肉卷——16.6%
蔬菜拼盘——16.0%

鲜毛肚——33.7%
金针菇——31.0%
手切鲜羊肉——29.9%
普通肥牛——28.2%
冻豆腐——27.3%
蔬菜拼盘——25.2%
巴蜀嫩牛肉——24.3%
普通羊肉卷——24.1%
土豆——23.5%

图 7-4　火锅菜品分类

2. 要学会做到精准推销，设定偏素食套餐

在餐饮业中，可以根据热销的菜品来总结一些经营技巧，帮助餐厅更好地经营和管理，相信在未来餐饮业中大数据产业将会为餐厅带来更多的便利。当然，最大的改变也将体现在餐厅菜谱上，餐厅的人流量和布局，这些主要的实际应用都体现了餐厅的创新营销。

在餐饮业中，企业要根据产品定位进行营销广告宣传。菜谱上的菜品要根据大数据的分析挖掘出消费者喜欢的菜品，再做点对点的精准营销，实现消费者的极致营销体验，企业才能创造更高的利润。

在餐饮业中，大数据的应用已经得到行业的认同。通过数据分析客户的消费习惯，从而帮助餐饮企业更好地进行精准化营销，促进整个餐饮行业的不断融合和发展。因此，餐饮行业要想在互联网时代加快行业的发展，就必须将企业的发展与大数据相结合，通过大数据全面提高客户服务体验，优化餐厅菜谱，不断完善餐厅布局的合理化，只有这样，才能在众多竞争者中脱颖而出。

日本麦当劳玩转大数据营销

在我们的日常生活中，大数据每时每刻都在影响身边的很多企业。餐饮业开始运用大数据分析来实现高效的创新营销，各行各业正在从庞大的客户消费数据中找到客户消费的痛点，从而获得利益。真正把大数据当作企业内部的透视镜，并通过对大数据的分析，明确消费者的需求，做到点对点精准营销，麦当劳一直在餐饮业中占据着很大一部分市场份额。

在日本，麦当劳的发展是值得所有餐饮行业借鉴的。麦当劳企业始终坚持通过大数据分析消费者的购物习惯和需求，并对其进行营销。尤其是麦当劳优惠券的发送一直是其他企业值得学习和效仿的地方，这也是麦当劳充分利用大数据分析客户消费习惯的一种营销模式，从而实现企业利润最大创新的营销手段，也达到了很好的效果。

在日本，被公认为最经典、最值得学习的 O2O 案例是日本麦当劳的优惠券业务。日本麦当劳的手机优惠券营销业务成功后，美国、欧洲的麦当劳公司都纷纷前去学习取经。

第一阶段：纸质优惠券。日本麦当劳的优惠券最早是通过印刷纸张的方式发放。这样不仅发放成本高，而且印刷耗费时间长，投放还不精准。

第二阶段：从 2003 年开始，麦当劳提供在手机网站上下载优惠券，到店出示享受打折优惠。

第三阶段：要求享受优惠券服务的人注册，并搜集他们的信息。2006年 2 月麦当劳开始通过旗下的网站向注册会员发放优惠券，到 2007 年 9 月，麦当劳手机网站的会员数突破了 500 万人。

第四阶段：发展基于手机 NFC 支付的优惠券服务。2007 年，日本麦当劳和日本最大的移动运营商 NTT DoCoMo 成立了合资公司"ThE JV"，日本麦当劳占 70% 的股份，NTT DoCoMo 占 30% 的股份。NTT DoCoMo 有着著名的"手机钱包"近场支付业务，还有名为"ID"的手机信用卡业务。直到合资公司成立后，麦当劳的手机优惠券已经形成了完整的 O2O 营销闭环。

目前，日本麦当劳控股公司展开了一项实验，根据约 1000 万名客户各自的消费特征，通过手机发送优惠券。例如，针对以周末消费为主的客户，发送可在周末早晨使用的咖啡免费优惠券，而针对一定时间没有进店消费的客户，则发送曾经购买过的汉堡优惠券，以促使他们再次进店消费。

不得不说，日本麦当劳的成功很大一部分原因是借助大数据信息找出消费者的需求点，大数据的海量信息帮助日本麦当劳牢牢占据了市场份额，取得如今不菲的成绩。那么，究竟日本麦当劳是如何通过大数据来玩转营销的呢？

1. 数据解析消费者特征，精准营销通达每位消费者

老话说的好："你所要的，正是我想推销的"，在餐饮业中，这句话同样适用。数据最了解消费者，只有真正获取了消费者的消费特征和习惯，找出其消费需求，从而设计出满足消费者需求的产品，并且做到精准营销，才能真正拥有消费者，实现企业利润的最大化。

日本麦当劳就是利用自身企业和已知消费者的数据，充分挖掘客户的消费习惯，从而做出对消费者点对点的精准营销，达到留住消费者的目的。这不得不说是大数据为日本麦当劳提供了方便，更重要的是企业懂得如何利用大数据来创造应有的价值。

2. 大数据挖掘，实现个性化精准营销

O2O 营销是当今社会广泛关注的营销方式，这种营销方式为商家开辟了另一个更加广阔的销售窗口，将线上资源和线下资源进行整合，实现企业个性化营销。除此之外，大数据还能对不同消费区域中的用户特定的消费习惯进行分析，实现客户资源的整理和利用，帮助企业更好地进行数据挖掘，实现个性化营销。

日本麦当劳之所以如此受到大家的欢迎，是因为麦当劳企业能够透彻地洞察消费者的内心需求。并且运用了大数据的分析挖掘，日本麦当劳才能进行精确化的优惠券推荐，真正做到了将单一消费者的属性与购买记录相结合，并对其推荐最合适的产品和优惠价，为消费者提供热情贴心的服务，实现了用户快乐体验和企业的利润最大化。

当然日本麦当劳推出的这种创新性的优惠券推荐方式，并不是"拍脑袋"想出来的，而是根据每位顾客的历史购买记录，借助大数据分析挖掘，实现对消费者细分的优惠券发放。这种优惠券的发放要求消费者必须具备相应的购买记录，数据的积累才能实现，只有这样，才能实现个性化的精准营销。

对于一个企业来说，大数据的存在是带来大财富的重要资源。一个企业要想真正成为大数据的受益者，就一定要进行数据优化、营销，以便最大程度地应用这些数据，并将数据信息发挥至最佳、最大的效果。而日本麦当劳

恰恰就是抓住了大数据这一利器，真正做到了玩转大数据营销。

玩转大数据营销并不是要求企业放弃传统的经营理念和营销模式，因为企业转型是循序渐进的，要根据企业的实际情况出发，切勿盲目崇拜大数据。要真正做到像日本麦当劳一样，为了更好地服务消费者，为了企业更广阔的发展空间，麦当劳企业投入到大数据营销之中，做到了玩转大数据，促进了餐饮行业的个性化服务发展，实现企业借助大数据并因人而异提供个性化、差异化的精准服务，达到服务的极致营销。

摇周边，餐饮企业的引流利器

在 2015 年春晚之后，微信"摇周边"集中爆发，全面席卷中国内地，成为火爆全国的营销手段。微信官方提供的数据显示，从除夕晚上 20 点到次日凌晨零点 48 分的时间里，微信摇一摇互动总量达到 110 亿次，互动峰值达到了 8.1 亿次 / 分钟。单纯从商家礼券来看，春节期间微信联合商家共发出礼券 3.78 亿张，有 7595 万用户领到了礼券，商家送出礼券总价值 30 亿元。至此之后，"摇周边"彻底走进了大家的视线中，成为各行各业效仿的创新性营销手段。

摇一摇周边，即"摇周边"是微信线下的全新功能，为线下商户提供近距离连接用户的方法，并支持线下商户向周边用户提供个性化营销、互动及信息推荐等服务。对于餐饮业来说，"摇周边"能够促进餐饮业更好地进行创新性营销，真正成为了餐饮企业的引流利器。

在餐饮行业中，企业的发展一直受到优惠券发放核销率低、服务效率不高、缺乏有效用户信息的问题，以及难以与用户保持有效沟通等缺点的限制。随着微信"摇周边"的出现，传统的餐饮企业打破了这些限制，而必胜客就是将"摇周边"做到引流的一个典型企业。

必胜客自进入中国市场以来，一直在寻求如何做到将产品走进人们的生活中。虽然有品牌作为主要推广方式，但也不得不受到中国国情的制约。因此，必胜客于 2015 年 5 月，在北京、上海共 30 家餐厅接入微信"摇一摇周边"，打造智慧餐厅。

必胜客作为餐饮行业的巨头，在"互联网 +"快速发展的热潮下，正在实施其进入中国 25 年以来最大规模的数字化服务升级。如他们的门店口号"Pizza and More"中的"More"一样，从过去丰富菜品种类逐步向消费者可能与餐厅发生关系的所有触点进行数字化改造。

从餐前的排队、点单到店内互动，再到餐后的服务延伸等一系列环节都在为顾客寻求更好的用餐服务和体验，借助全新的 O2O 入门级应用微信"摇一摇周边"近距离连接用户，将必胜客打造成为一家"智慧餐厅"。其不仅仅在用餐时为消费者提供服务，而且餐前、餐后，消费者都将成为被服务的上帝。

当顾客在排队等候进店时摇一摇即可提前帮助顾客自助点餐和查看菜单，从而有效舒缓顾客因排队等号时间过长而产生的不良情绪，在减少顾客流失的同时，也能有效节约餐厅在用户排位点餐时的人工引导和下单成本。另外在 2015 年 9 月 3 日～23 日，必胜客在全国 1400 多家必胜客欢乐餐厅通过微信摇周边给顾客发放免费微信电影选座券、微信电影票红包及美食优惠券。这个看似简单的活动进行了仅两周时间，参与摇周边抽奖人次就高达 78 万，同时拉动微信公众号粉丝增涨 16 万人，真正做到了将摇周边成为餐厅企业的引流利器。

毋庸置疑，在必胜客的营销中，摇周边成为餐厅引流利器，帮助必胜客吸引了更多的消费者。解决了传统餐饮中的一些痛点，真正做到了方便消费者，同时解决了企业的人力资源成本等问题，起到了模范带头的作用。那么，摇周边究竟是如何成为餐饮行业的引流利器的？如图7-5所示。

行业痛点　　　　　　　　　　　　　　摇一摇周边解决方案

• 优惠券发放核销率低　　　　　VS　　• 近场发放优惠券，使目标用户更精准，同时提升门店运营效率

• 服务效率低　　　　　　　　　VS　　• 顾客通过摇一摇即可自助完成菜单查看、点餐、买单等环节，有效提升门店服务效率

• 缺乏有效用户信息，难以与用户保持有效沟通　VS　• 将用户数字化并建立连接，将后续优惠信息精准触达目标群体，吸引回流；同时商户可依托微信体系提供的后台用户数据实现营销的精细化，满足用户的不同需求

图 7-5　摇周边解决行业痛点

（1）近场发放优惠券，使目标用户更精准，同时提升门店运营效率。在传统餐饮行业有这样的痛点，那就是优惠券发放核销率低，大多数人不能真正地使用这个优惠券。而摇周边可以让商户利用微信摇一摇的方式，收到近场发放优惠券，这样可以有效地提升到店客流量以及优惠券的核销率；同时摇一摇周边可让消费者关注商户公众号，将顾客转化为品牌粉丝，方便产品的推荐和下一次消费，有效地实现客户沉淀，促进企业品牌的发展和行业的进步。

（2）顾客通过摇一摇周边即可自助完成菜单查看、点餐、买单等环节，有效提升门店服务效率。大家对品牌餐厅消费深有体会就是在用餐的过程中，点餐、上菜甚至结账，都需要时间等待，有时等待时间还较长，这是

传统餐饮行业中的一个典型痛点——服务效率比较低。而微信摇周边的出现帮助消费者在到达餐厅后，可以通过摇一摇自助完成菜单的查看、点餐、买单等一系列环节，有效提升了消费者的体验和餐饮门店的服务效率。

（3）将用户数字化并建立连接，将后续优惠信息精准触达目标群体，吸引回流；同时商户可依托微信体系提供的后台用户数据实现营销的精细化，满足用户的不同需求。传统餐饮行业的最后一个痛点就是商户和消费者之间，商户缺乏有效用户信息，难以与用户保持有效沟通。摇周边利用大数据平台有效帮助商户解决了这一大难题，商户可通过摇红包、摇互动游戏等形式与消费者进行多元化互动，进而提升客户体验、活跃现场气氛；另外还可以进行餐厅满意度调查、菜品评价等一系列监管措施，定时监控餐厅服务水平、及时了解顾客需求变化，提升服务质量。

不得不说，摇周边的出现帮助传统餐饮食品行业实现了 O2O 营销。并且依托于微信摇一摇周边的线下连接能力，真正地将餐饮的线上和线下环节打通，有效提升了餐厅服务的效率，同时降低了运营成本。因此，摇周边不仅仅解决了传统餐饮中的主要痛点，还成为了餐饮企业的引流利器。

美团、大众点评用大数据开展业务

移动互联网给我们的生活带来了一系列技术创新，团购也走进人们的视线，成为了人们日常生活中常用的消费方式，而其中又以美团和大众点评为典型代表。当然，这种情况的出现不得不归功于大数据，大数据帮助商户和消费者更好地营销和消费，真正运用大数据开展业务。

对于消费者来说，借助于大数据的力量，无疑是协助消费者对产品进行优化筛选。相比价格上的优惠，口味与口碑的评价软性服务显然更具有用户黏性。而大数据能够将这些内容准确无误地通过数据信息表达出来，帮助消费者更好地选择消费商户。

对于企业来说，大数据显得更为重要。大数据能为企业全方位地提升更加明确的、精准的判别指标。以餐饮企业为例，新开店的传统判断指标是人流量、房租价格等，但从美团网大数据平台能真实地看到历史消费数据，如消费频率、消费习惯等。此外，大数据还能实时反映和汇总餐厅的产品、服务问题以及销售数据，便于企业及时改善经营管理。

武汉的大溪烤鱼就是从美团网上成长起来的餐饮品牌。目前，该餐厅从 1 家烤鱼店扩张到 3 家门店，并成为当地每天都要排队等位的热门餐厅。"大溪烤鱼依据美团商家后台上的消费者评价来进行产品质量和前厅服务的考核，非常直观有效。力争做到对每条评价进行回复，尤其是不放过任何一个差评，餐厅根据差评追查问题，改善服务。每个门店的原材料采购也会根据美团的销量曲线，来对应计算需要购买多少活鱼和其他原材料。管理者不需要每天都来门店，但会通过商家版客户端监测大溪烤鱼在美团上的一个套餐，就能知晓销售额是上涨还是下滑。"大溪烤鱼负责人说。

2016 年，美团外卖 APP 通过大数据分析国内不同城市用户的外卖消费习惯，对外公布了各大城市的外卖消费特点。并根据美团外卖对"各品类外卖订单量最高的城市"统计发现，除了订餐外，北京市鲜花、生日蛋糕销量远超其他城市，稳坐"最浪漫"城市宝座；广州市在超市商品方面的订单量最高，夺得"最居家"城市的头衔；上海市则在甜品饮料方面战斗力惊人，夺得"最甜蜜"城市头衔。

由以上案例可以看出，美团和大众点评的成长绝不仅仅是一个巧合，而是企业将大数据融入到企业发展中的结果。在 2015 年，美团大众点评网交易额达1800亿元左右,覆盖城市达1200座以上,累积用户近6亿人。其中,美团外卖在白领和校园两大市场均实现份额第一。这些业绩的背后,不仅是两家企业的竞争结果,更是企业注重数据发展的结果。那么,究竟美团和大众点评是如何利用大数据开展业务的呢?

一方面,大数据帮助商户更清晰地了解消费者的行为和习惯,对市场走势进行预判,并结合营销手段促进消费。在大众点评最初成立的时候,其只是一个商户点评信息平台,后来逐渐转型为一个交易信息的平台。而美团则恰恰相反,它是在交易信息产生之后才进行评价的一个平台。简而言之,大众点评的模式是基于信息延伸做交易,而美团则是由交易产生信息。

但是,无论如何进行交易都有一个共同的目的,利用已知信息,促进后续消费。实际上,它们都在扮演一个信息交换的角色。平台的价值在于帮助信息的提供者和接收者建立一个承载信息的仓库和信息交换的桥梁,从而产生信息帮助商户制定更好的营销策略,促进消费。

大众点评CEO张涛曾在多个场合说"点评"的价值,"点评的价值在于帮助本地商户找到自己的用户群,帮助用户找到适合自己的本地商户。简单讲就是解决了用户和商户之间一个信息不对称的问题。"而交易行为则是在解决这一问题之后自然衍生出来的,这些都是数据信息的来源,帮助消费者更理性地进行消费,也帮助商户改进和完善经营方式。

另一方面,O2O营销帮助美团和大众点评完美地将线上和线下的营销相结合。在O2O营销中,美团和大众点评在本地生活服务领域展开角逐。在这一战场上,美团和大众点评表现出了截然不同的经营思路,但达到了同样的效果,即都在O2O营销中获得了成功。

在经营上,美团全部采取自营模式,推出酒店、电影、外卖等各自独立运作的产品，但同时也遭遇到相应领域竞争者的不断反扑。而大众点评则是采取与垂直领域公司合作的方式来攻城略地。在不断拓宽消费者使用场景和商户资源之后，通过团购、预订、优惠券等不同的方式完善O2O服务闭环，并通过可供监测的消费数据，为商家提供广告投放和智能推荐等，达到衍生产品上网流量变现的目的，实现O2O创新性营销。

在O2O的发展模式中，只有拥有了消费者线上、线下完整的大数据，才能在取得成功的过程中加上一个重要的砝码。获取数据，然后将它们应用到消费者的场景中去，实现一个完整的O2O营销闭环，这样才能在激烈的市场竞争中无往不利。

美团和大众点评用大数据信息发展业务，不仅做到了了解消费者的消费习惯和特征，也帮助商户如何制定个性化营销策略，达到企业利润最大化的目的。因此，企业获得成功的关键，取决于企业能不能以一种自然、合理，让消费者感到开心、喜欢、舒适的方式融入消费者，而这些都离不开大数据。

绝味鸭脖的大数据经营模式

在大数据经营模式中，绝味鸭脖也是其中的一个典型案例，在小行业大市场的鸭脖产业中，其最具代表性的是惊人的营销数据。在互联网发展的初期，绝味鸭脖发现商机，进行了一系列营销改革创新，实现了企业利润的最大化。而随着互联网时代的不断发展，大数据在各行各业中不断受企业重视与跨行业融合，成为企业决策的重要依据，绝味鸭脖无疑就是其中的佼佼者。

绝味鸭脖通过大数据完善企业内部的发展模式，并不断创新，而且大胆尝试 O2O 营销模式，开创传统食品行业转型新模式。绝味鸭脖是一个传统的美食品牌，也是一个不断创新，改变固有模式，与时代接轨，将大数据与企业发展完美融合的创新型企业，开创了绝味鸭脖的大数据经营模式。

从 2014 年 3 月 7 日起，绝味鸭脖与支付宝联手"展开一分钱吃中华名小吃"的活动，在参与投票的 35 924 人中，绝味鸭脖以 16 054 票高居榜首，获得网络票选第一的"中华名小吃"。用户只要用支付宝钱包支付一分钱，就能在参与活动的店铺中享受绝味提供的招牌小吃。

为了继续做好移动互联网应用，绝味鸭脖做了充足准备。为了实现面对面支付，所有参与门店用不到 3 天的时间，完成了门店编码和支付流程的测试，从下载商户端 APP 到付款收款，确保每一个步骤准确无误"一分钱请你吃绝味"整装待发。

为了这次活动的成功，绝味鸭脖参与门店做了充分的部署。在宣传上率先在微淘发起抽奖活动，送苹果手机、绝味产品礼包，以及淘宝优惠券，并且在新浪微博、微信、天涯论坛上配合广告宣传。"买鸭脖有机会送手机"噱头之大抢占了微淘首页，给足曝光量，引发几十万人次的参与，准备的奖品和 1 万多张优惠券几乎一抢而空。本次活动成本很低，仅为奖品的支出，却收获了超过 50 万粉丝的关注。

此次活动的绝味鸭脖门店分布在全国 15 个城市，500 余家门店，近 1000 名员工参与，活动在各地反响热烈，来体验移动支付的用户络绎不绝，尤其以杭州的百姓最为热烈，杭州潮王店的加盟商在营销高峰时期，近 50 名顾客排队等待，非高峰时段，3 小时进门店人员消费有 150 人次，使用手机支付 147 人。新型支付引起了广大顾客的强烈反响，重庆邮电大学附近的加盟商利用包装招牌鸭脖，展开校区营销活动，开启了移动销售的创新，把店铺销售做到饱和。移动支付不需要找零，更不会受到假币的困扰，深得加盟商喜爱，该加盟商每天支付宝钱包的交易量达200笔以上，在重庆地区排名第一。至活动截止时，共有10万人次在绝味鸭脖进行了移动支付，有近1万人新下载了支付宝钱包，活动获得了热烈的反响。

由以上案例可以看出，绝味鸭脖的成功绝不仅仅是偶然。企业不断创新发展模式，改善旧有模式，使传统企业平缓过度转型，促进了整个行业的发展。当然，绝味鸭脖的成功离不开"O2O营销"的热潮，创新数据营销新模式，将线上线下相结合，顺应了时代潮流。

互联网技术不断发展，传统食品行业受到了严峻的考验。如果企业不能真正顺应时代的潮流，就可能在这个市场中丧失竞争的资格。而绝味鸭脖却迎难而上，将大数据营销运用到企业经营中，因此才有了今天的成功。那么，绝味鸭脖是如何做到大数据营销的呢？

1. 将O2O营销与企业发展相结合，实现完整的O2O营销闭环

只有将大数据信息与企业的发展结合起来，才能不断地对企业改革创新，促进整个行业的不断发展。当前移动支付已经深入人心，如支付宝支付、微信支付已经成为人们日常消费的重要移动支付方式。只有真正地将线上营销和线下实体店相结合，才能有效实现O2O营销完整闭环。

绝味鸭脖在互联网发展初期就敢于创新，抓住机遇，将线上营销和线下实体店营销相结合。通过在线上寻找客户，宣传产品，然后再将这些客户带到线下实体商店中进行购物消费，帮助绝味鸭脖的线上客户实现了与线下实体店的对接，最终实现产品的销售。

2. 要学会吸引消费者注意力，制造事件营销

在营销中，只有吸引消费者的注意力，才能达成销售。只有通过数据分析，了解消费者的行为习惯，才能实现精准化营销。其实无论是绝味鸭脖的打折优惠还是更具有吸引力的一分钱吃鸭脖，都是互联网时代下的大数据营销战略。

绝味鸭脖不仅以线上优惠吸引消费者注意力，更是运用了时间营销。买鸭脖送手机等噱头对消费者有着无法抗拒的吸引力，以小博大，真正抓住了消费者的购物心理弱点，吸引了大多数消费者的注意力，实现了创新性营销。

3. 销售渠道不断扩宽，实现多渠道联合

消费者的购物方式在不断扩宽，微信公共号、微博、大众点评、美团等都在不断实现线上销售与线下实体店的融合。大数据帮助商家不断改善消费者用户体验，连接与各大平台的跨业合作，实现了门店与门店、城市与城市的联合。真正做到了优势互补，将大数据营销概念现实化，实现企业数据营销的最大化。

在绝味鸭脖的大数据营销之中，消费者对产品的认知打破了传统模式下的方式，利用了新媒介的营销方式，不断加强消费者对品牌的认知能力，同时也最大限度地实现与消费者的深度沟通，增强了客户服务体验，实现了企业利润的最大化。因此，只有将数据与营销完美结合，才能让企业成为同行业的一枝独秀，分外抢眼。

第 8 章

8

大数据与医疗

移动互联网的出现和发展，正以前所未有的广度和深度，加快社会经济的转型和社会的发展，更是直接把我们送进了大数据时代，成为了经济转型的新动力、人们工作生活的新方式。"大数据"作为当前最时髦的词汇之一，已经向各行各业渗透辐射，颠覆着许多行业，特别是传统行业的管理和运营思维。在这一大时代背景下，大数据也触动着医药行业的发展，大数据在医疗行业释放出的巨大价值，为医疗行业带来了巨大的机遇和挑战。

智慧医疗的本质是大数据

大数据应用的实质就是挖掘数据中蕴藏的隐性价值，对于医疗行业来说更是如此。多领域技术与移动互联网的跨界融合，使得人与人之间的关系也变得前所未有的紧密，人们的生活将进入"互联网＋"智慧生活新时代，智慧医疗也成为大数据应用的最大受益者。因此智慧医疗的本质其实就是大数据。

显而易见的是在当今社会激烈的竞争中，医疗企业要想占领行业市场的一定份额并获得持续性的发展，就必须重视产品的营销模式创新。通过互联网不断改革创新和实施新的营销模式，实现大数据营销，同时做到兼具"打破传统"和"智慧未来"是现代医药企业生存和发展的核心所在。

2015 年 11 月，由现任惠普 CEO Meg Whitman 带领的 Hewlett Packard Enterprise 在纽交所进行交易。Hewlett Packard Enterprise 是专注于企业级的 IT 解决方案、基础设施以及软件和云服务。其中 Haven 大数据平台的创建是该公司的众中之重。

惠普 Haven 是业界首个全面、可扩展的开放式安全大数据分析平台。通过该平台企业家可以即时按需获取切实可行的见解，促进业务决策依据，获得竞争优势；治疗医师可以获得对病症最全面客观的描述，提高诊疗水平，减少医疗确诊时间。

惠普 Haven 大数据平台的医疗保健分析可以解决大数据在医疗行业中的挑战与难题，它具有模块化灵活的解决方案。能把数据孤岛连接起来，巧妙地把结构化数据（例如调度数据、计费代码等）和非结构化数据（例如临床叙述等）结合起来。并能读取所有类型的信息，不论什么位置、格式、语言。临床医生根据这些功能，可以了解各类信息，获得可用于提高护理质量和运营效率的可操作性见解，同时降低医疗成本。

如今大数据对于大家来说并不是一个神秘的字眼，越来越多的企业开始将大数据作为企业发展的一个关键因素，尤其是医疗行业。在250多年前，就有人入木三分地描述传统医疗：医生们每天诊断着一大批一无所知的身体，诊治着自己也不甚了解的疾病，并开着自己也不熟悉的药。但是在当今的数字化时代，医疗业经历了有史以来最大规模的重构与颠覆，开启了智慧医疗的美好图景，这不得不归功于大数据的关联作用。那么，智慧医疗的本质就是大数据吗？如图 8-1 所示。

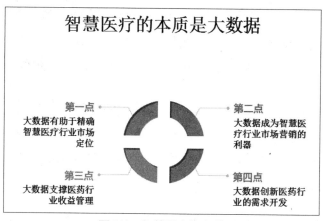

图 8-1 智慧医疗的本质

1. 大数据有助于精确智慧医疗行业市场定位

精准的市场定位能帮助一个企业快速找准发展方向，快速成长为一个成功的品牌企业。而智慧医疗要想在激烈的市场竞争中占据一席之地，就必须了解市场行情以及消费者的消费习惯，通过数据分析和调研，积极扩宽智慧医疗行业的范围，了解消费者的个性特征，并通过大数据了解市场的行情，使得智慧医疗的场景得以快速实现。

借助大数据挖掘和信息采集技术不仅能给研究人员提供足够的样本量和数据信息，还能够建立基于大数据数学模型对未来市场进行预测。要想真正实现智慧医疗，还要学会从大数据中了解医疗行业市场的构成、细分市场特征及消费者的需求和竞争者状况等诸多因素。同时在科学系统的信息数据收集、管理、分析的基础上，提出解决问题的更好方案和建议，保证企业品牌的市场定位，并独具个性化，提高企业品牌市场定位的行业接受度。

企业要想开拓新市场，就需要调用大量的人力、物力和财力。但是，如果市场定位不精准或者出现了偏差，那么给投资商和企业自身带来的后期损失是巨大的，有时甚至是毁灭性的。因此，企业只有定位准确乃至精准，才能构建出满足市场需求的产品，使企业在行业竞争中立于不败之地。市场定位对智慧医疗行业市场开拓有着十分重要的作用。

2. 大数据成为智慧医疗行业市场营销的利器

在社会不断发展的今天，互联网信息的总量正以飞快的速度不断暴涨。从搜索引擎设备的出现、社交网络的普及和发展到人手一机的手机等智能移动设备，越来越多的人每天在 Facebook、微博、微信、论坛、新闻评论、电商平台上分享各种各样的文本、照片、视频、音频、数据等信息，这些信息涵盖着各行各业的海量数据。这些数据通过收集、整理、分析挖掘可以形成智慧医疗行业大数据，并统计挖掘其信息背后隐藏的智慧医疗行业的市场需求、竞争情报，以及巨大的财富价值。

当然，在智慧医疗的行业市场营销工作中，无论是产品、渠道、价格还是顾客，每一项工作都与大数据的采集和分析息息相关。而智慧医疗行业市场营销工作中的重中之重有两方面：一方面是了解数据的重要性，不断通过各种渠道获取数据，并且加以分析，整合了解市场信息，掌握消费者，甚至于同行业其他企业的最新动态，准确定位企业在市场中的发展方向；另一方面是真正分析了解消费者的行为、消费习惯和价值取向。了解消费者的需求才能生产出令消费者满意的产品，从而使智慧医疗真实地为消费者服务，达到消费者的满意。

毋庸置疑的是企业收集到这些数据，并建立起消费者数据库，通过数据分析得到消费者的最新消费习惯，甚至于行业动态，从而有针对性地制定企业营销方案和营销策略，使大数据成为智慧医疗行业市场营销的利器。

3. 大数据支撑医药行业收益管理

近几年越来越多的医药行业人士开始关注和推广运用收益管理这门理

论学科。智慧医疗的本质就是通过数据更好地为人类服务，让我们在繁忙的生活中尽量远离"去医院挂号、排队、诊断、拿药"等繁琐环节。医药企业把合适的产品或服务，在合适的时间，以合适的价格，通过合适的销售渠道，销售给合适的客户，最终实现企业收益最大化。

要支撑起医药行业的收益管理，就要通过对数据进行精确分析，挖掘稀有资源，提高企业管理者对医药行业市场判断的前瞻性，不断提高医药行业的收益管理，做到最大限度地挖掘市场潜在的商机，确保大数据支撑医药行业。

4. 大数据创新智慧医疗行业的需求开发

大数据无时无刻不在影响企业的发展和决策策略，智慧医疗行业是未来医疗行业的重点发展方向，大数据创新智慧医疗的需求开发，将数据为己而所用，并不断通过数据分析，帮助企业提高市场竞争力和收益能力，从而取得良好的经济效益和社会效益。

随着论坛、微信、微博、豆瓣等平台的不断发展和创新，使得信息的分享更加方便和自由，医药行业数据信息的出现蕴含了巨大的需求开发价值，是智慧医疗开发的重要决策支持。因此，只有依靠大数据存储和处理许多类似的已发生的记录，随着数据的完善，不断研发智慧医疗新模式，满足当代人们的生活要求，才能为企业和个人提供"诸葛亮"式的智能医疗服务。

腾爱医疗战略：腾讯用大数据构建互联网＋医疗连接器

2016 年 3 月 25 日，腾讯公司副总裁丁珂在"互联网＋慢性病管理"

发布会上宣布正式启动"腾爱医疗"战略，将利用腾讯的社交基础和大数据能力，搭建"互联网＋医疗"开放平台，为医疗产业提供互联网化的后端服务。此外，移动端医生APP"腾爱医生"也在发布会上正式亮相。据介绍，目前腾讯正通过与医院、医疗机构及地方政府的合作，共同建立包括电子病历、健康档案等关键医疗数据的大数据中心，为"医疗信息孤岛"打开通路。

在2016年两会上，全国人大代表、腾讯公司董事会主席兼首席执行官马化腾，重点提及了"互联网＋医疗"，希望充分利用移动互联技术解决"医院信息孤岛"、医生多点执业和个人健康档案电子化等问题。"腾爱医疗"战略的启动，正是腾讯在"互联网＋医疗"积极大胆的尝试。

2015年5月27日，腾讯与贵州省卫计委、贵州百灵达成了"贵州慢性病防控计划"战略合作计划，致力于共同打造贵州省糖尿病防控信息中心。通过该中心的大数据分析系统，医疗团队可清晰、及时地了解到患者的健康状况，提供远程监测、预约诊疗、在线医嘱等服务。目前，在贵州省糖尿病信息防控中心就诊的患者已覆盖贵阳、绥阳等多个县、市，在一年中发出一万多条医嘱信息。此外，该中心还把乡镇医生管辖区域的患者健康数据同步给二甲级以上医院的医生，以帮助基层医疗团队分析、解决诊疗问题，提高就医水平。

在贵州省糖尿病防控信息中心上班的徐盂每天都要打开糖尿病患者照护系统，查询是否有血糖异常患者。当她发现数据库里有红色标记的患者姓名时，会立刻打电话询问为何血糖没有达标，并提出医嘱建议。如今，贵州很多糖尿病患者都享受到这种智能的医疗服务。患者在家自采血糖后并上传网络，而远在几百公里以外的医生通过大数据系统直接读取血糖数据，并提出治疗建议。从"互联网＋慢性病管理"贵州模式发布会上获悉，"互联网＋医疗"已在贵州省取得新进展，贵州省在引入互联网技术推动糖尿病远程医疗方面取得显著成果。

"目前，贵州省参与'互联网＋慢病管理'的患者人均测量血糖次数达到 6.5 次／月，整体血糖达标率提升至 56%。"贵州百灵董事长姜伟表示。腾讯宣布 2016 年将扩大糖大夫智能血糖仪的发放范围，覆盖全贵州 40% 的市和县的糖尿病患者。同时，在原有糖尿病防控信息中心的基础上，与贵州卫计委、百灵企业共建贵州慢病大数据中心，进一步推进贵州省"互联网＋慢病医疗"的进程。

腾讯公司副总裁丁珂曾经说过，"贵州模式"的成功是腾讯集团在建设互联网＋医疗整体部署上的一个重要环节，验证了腾讯用互联网技术提升医疗服务的思路。以"贵州模式"为基础，腾讯系统形成了"腾爱医疗"的战略愿景。"腾爱医疗"由智能终端、医生平台、定位于"健康基金＋医保"的互联网金融这三项核心业务构成，并通过与医院、医疗机构及地方政府的紧密合作，共同建立包括电子病历、健康档案等在内的大数据开放平台，为医疗产业提供了互联网化的后端服务，助力提升中国医疗民生服务。

在大数据时代下，人们对于互联网＋医疗的探索从未停止。丁珂曾指出，信息孤岛是目前国内医疗产业实现互联网化的最大障碍，"腾爱医疗"战略的目的就是要用互联网技术实现医疗信息共享，以开放合作的姿态帮助医疗产业实现传统模式转型。

丁珂说："支撑'腾爱医疗'的底层架构，即健康信息的建立和完善，主要依靠腾讯在大数据方面的优势"。此外，"腾爱医疗"还将为患者与医生提供包括"医疗智能终端"、"互联网金融医保"和"医生平台"等在内的一站式互联网＋医疗服务。其中，以糖大夫智能血糖仪为代表的智能终端，使慢病医疗服务与病患者建立良好的连接；互联网金融医保以健康基金＋医保的形式，为患者提供商业保险计划；为医生群体量身定做移动互联网产品——"腾爱医生"，为医生与患者搭建一个可信任的信息沟通工具。

"腾爱医疗"战略的愿景就是：依托医疗大数据，逐步将医院、医生、诊疗、金融保障等与广大病患者连接在一起，形成互联网＋时代的新型医疗服务模式，进而提升我国医疗民生服务水平。"腾爱医生"助力中国医生"多点执业"，激励医生"多点执业"，推进中国医生"多点执业"。那么，腾讯企业究竟如何通过大数据构建起互联网＋医疗连接器的行业新模式呢？

一方面，腾讯企业注重搭建大数据医疗平台。只有真正搭建起大数据医疗平台，才能更好地了解患者病况，并且有效解决医疗服务问题，提升医疗水平，大大降低医疗成本。因此，只有搭建起企业大数据平台，才能更好地开创互联网＋医疗连接器的新模式。

另一方面，"腾爱医生"项目为医生量身定做移动互联网智能 APP，使得医生与患者的距离大大缩小，打破传统医疗模式，实现用即时通信功能与患者随时随地对话，通过信息透明赢取患者信任，在建立良好医患关系的基础上提供长期、高效、顺畅的诊疗服务。

腾讯在互联网＋医疗上拥有多元化的布局，既通过"腾爱医疗"战略为医疗产业提供技术、资源、数据等基础支持，还打造互联网＋医疗连接器，与包括丁香园、PICOOC 缤客普瑞、挂号网、邻家医生、卓健、医联等在内的互联网医疗合作，共同打造开放合作的互联网＋医疗生态，共同努力提升中国民生医疗服务水平。

"春雨医生"让医疗"私人定制"成为可能

智能 APP 不断发展，移动医疗领域也不断进行创新，不断打破传统医疗服务模式，开创新的营销模式，而智能 APP 就成为发展的强大平台。"春雨医生"是 2011 年迅速崛起的互联网时代的产物，发展至今，已成为移动医疗领域的新型代表，不仅打破了传统医疗服务模式，还利用大数据使得医疗"私人定制"成为可能，缩短医生和患者之间的距离，促进整个医疗行业的飞速发展。

"春雨医生"这款智能移动医疗 APP 的存在不仅开创了"自诊＋问诊"的模式，还让医生和患者做到了一对一诊疗，达到足不出户问诊的目的。实现了每一位患者都拥有私人医生，极大地方便了人们的日常生活。同时，数据分析也为线上线下诊所的业务达到精、细、准营销。

目前，国内移动医疗领域的主要玩家是丁香园、春雨移动健康、好大夫等公司。丁香园于 2000 年起家，是面向医生、医疗机构、医药行业从业者的专业性社交平台；好大夫创立于 2006 年，建立了互联网上第一个实时更新的门诊信息查询系统，偏重于对重病的诊疗。

从"春雨医生"发展历程来看，其 2011 年上线之初主要是症状自查和咨询医生两项业务。2013 年 10 月，春雨推出病患自查的智能搜索引擎。2013 年 4 月，春雨"空中诊所"服务上线，支持医生在春雨平台上开设诊所。2014 年 1 月，春雨推出"会员制"。这个 APP 平台在免费提问之外还可以选择增值服务，有三种针对用户的收费类型：8 元包月；针对医生定向提问；家庭医生的采购。其中"8 元包月"最受欢迎，购买的用户在一个月内提问可以不限次数，并且半小时保证给予答复。

据了解，每天在春雨医生平台会产生 5 万个问题，但由于医生和用户是一对一，边际成本不能直接降为零；但提问的很多病症不是疑难杂症，而是常见病，当对年龄、病症、区域等数据信息进行综合分析后，用户就可以实现自诊，这样边际成本趋于零。最具有价值的是春雨的"自诊服务"，它能利用大数据把过去的问诊数据存储，利用自诊机器人分析数据信息，诊断病情也越来越精准。

由以上案例可以看出，春雨医生的存在不仅帮助大家实现了医疗"私人定制"，更是帮助患者处理了病情的紧急状况，大大减少了患者因不能及时就医事故的发生。春雨医生作为智能移动医疗的代表，在成立之初遭到很多质疑，担心线上门诊的开设和线下门诊的布局能否达到一致，在很多时候，企业都是在接受着大家的考验。那么，春雨医生究竟是如何走到让"私人定制"成为可能的呢？

（1）春雨医生平台接受问诊的医生都是资质过关的民营医院。对于这些名气不大的民营医院来说，春雨医生的存在不仅能使线上的用户及时问诊，还对医院的流量有积极带动作用。由于介入医保，使得用户获得线上和线下相结合的就诊体验，在一定程度上达到 O2O 营销的目的，甚至在一定程度上实现了"私人定制"，达到一对一辅导治疗的效果。

（2）春雨医生以较低的服务费用，让患者享受到最有价值的医疗服务。在当今社会，看病难成为一个严重的社会问题。春雨医生推出会员制方案，帮助一些有困难的家庭节约了大笔不必要的费用。还可以根据数据信息分析，找出最符合患者的治疗方案，从而达到最优质的治疗效果，实现个人的"私人定制"。

（3）在互联网条件下，通过数据分析，实现智能化医疗服务。以动态形式获取所有接入用户的健康数据，同时尽量与医疗体系中的个人档案相结合，有助于患者生病时医生及时准确地诊断，借助互联网帮助老百姓实现"大病化小、小病化了"的目的。

春雨医生使医疗中的"私人定制"成为可能。通过数据分析，不断改善医疗环境。在线问诊与远程医疗借助互联网实现了有限医疗资源的跨时空配置，加强患者、医疗服务机构和医生之间的沟通，突破了传统医疗模式，缓解了医疗资源匮乏的现状，实现真正意义上的"私人定制"。

阿里云为分级诊疗战略落地保驾护航

在移动医疗如此受欢迎的今天，阿里云为分级诊疗战略落地保驾护航的消息不断传出，这不得不说是一件让人兴奋的事情。中日友好医院正在与阿里巴巴集团、东软集团进行商谈合作，利用阿里云云计算技术建设医联体的数据库平台，成为医疗信息化的重大变革，阿里云也真正地做到了为分级诊疗战略落地保驾护航。

远程及移动医疗是医疗信息化发展不可或缺的，远程医疗越来越受到重视，因为它不受空间的限制使边远地区的百姓不用长途跋涉，在家就能享受到优质的医疗服务，体现了公立医院公益的重要性，也是医疗企业对口支援的重要手段。

2016年3月15日，天津医大总医院的分级诊疗功能"家庭医生"正式在Q医APP上线，医联体内的社区医院将享受到首批独立专家号源。该院与阿里云合作，在云端一步解决挂号、取报告、医保清算、电子病历等功能，实现全流程看病不排队，全程无纸化就医。

2016年政府工作报告指出，"在70%左右的地市开展分级诊疗试点"，分级诊疗被认为是解决目前中国医疗矛盾的最佳方式。要实现首诊在基层，大病去医院，康复回社区的分级诊疗模式，首先就要解决基层首诊问题，如果要将优质资源下沉到社区，就需要医院拿出行动。

据了解，Q 医新上线的"家庭医生"功能，将完成分级诊疗中最关健的首诊和转诊，签约社区医生将根据患者病情，直接预约总院专家转诊。天津医大总医院为社区医院提供了专属专家号源，与医院挂号窗口、自助机、网络预约的号源保持独立，其首要任务就是保障基层转诊的需求，此举为分级诊疗的有效实行吃下一颗定心丸。

谈及移动医疗，中日友好医院院长许树强说："不可小视移动医疗的快速发展，它很可能带动医疗行为的转变和患者就医方式的改变，因为移动医疗将大力推进医疗信息产业的全链条发展。"由以上案例可以看出，移动医疗和分级诊疗是大趋势，大数据云时代对医院信息化建设将会是医院信息技术发展的一个重要数据库。老百姓也越来越认识到分级诊疗的重要性，而医疗联合体（医联体）建设是解决城市分级诊疗重要而有效的举措。但分级诊疗如何真正实施起来呢？需要具备四个纽带：一是医疗技术，二是医保政策，三是医患双方的利益保障，四是信息化建设。只有这样，才能将分级诊疗真正落实在现实中。

医疗技术是关键，要真正让分级诊疗落实到实处，必须要有过硬的医疗技术。只有拥有过硬的医疗技术，才能得到人们的信任，为分级诊疗保驾护航。而医保政策是重要利器，只有得到医保政策的支持，分级医疗才能真正实施，才能让阿里云真正地为分级诊疗保驾护航。

当然，医患双方的利益保障是分级诊疗落实到现实生活中的关键。阿里云利用强大的数据分析能力，不仅做到确保医患双方的利益得到保障，还能真正地将分级诊疗做到实处。最后，至关重要的是信息化建设。如今谁掌握了第一手数据，谁就掌握了主动权。只要借助阿里云的数据信息化建设，就能更好地实现分级诊疗。

在对医疗机构和百姓健康就医进行有效管理时，需要把这些医疗机构用数据信息连接起来，同时通过移动技术把居民的健康信息融合管理，这就需要建立强大的数据库。依托阿里云数据库将居民的健康管理与疾病诊疗融为一体，让合理有效的管理变为可能，真正地将分级诊疗落实到实处。

求人不如求己的智能 APP

随着互联网的飞速发展，智能 APP 逐渐走进人们的生活和工作中。在当今社会，传统医疗行业已经远远不能满足人们的发展需求，于是移动医疗应运而生，而智能 APP 的存在，帮助移动医疗更好地进入人们的视野。因此，智能 APP 让我们做到了求人不如求己。

在一篇文章中曾经提到过智能 APP 对人们生活的影响，里面重点提到了几个医疗方面的智能 APP，其强大的作用就是帮助人们节省了很多时间。

（1）1 号药店。这款 APP 为顾客提供专业的易诊、健康百科、专业导购、营养搭配建议等特色服务，此外还提供药品点评、全程订单跟踪、货到付款、移动 POS 机刷卡、手机购物等多种便捷服务。在无线端，"壹药网"拥有"1 号药店"手机 APP，为顾客提供一站式移动购药的便捷体验。

（2）掌上药店。它是一款专注于大众药事服务的移动应用，致力于打造药事领域信息、产品、服务三位一体的移动生态闭环，为消费者提供最安全、专业、便捷的药事服务，并携手药店、医疗企业及业内同行共同推进医疗健康产业的移动互联网化。

（3）好大夫在线。看病难、看病烦、看病贵是现在国人面对的大难题，尤其是大医院的专家门诊，因其很难挂号很多家庭因此而苦不堪言。好大夫在线就是可以解决这些问题的神奇 APP，该软件长期占据 APP Store 健康健美分类前几名，受到了广大用户好评。

（4）掌上淘医。其通过整合线上线下资源实现医疗服务落地，帮助百姓轻松获取身边的优质医疗资源，提升医疗服务行业的整体体验，并根据患者的特性提供个性化的医疗服务。

（5）病历夹。"病历夹"是专门为医务人员量身打造的免费智能手机应用，为医生提供个性化的文献和参考资料，包括药典、检验、医学计算以及病历手机整理等。该款产品曾在苹果应用商店中国区医学热门榜排首位，用户覆盖中国 25% 的临床医生。

（6）叮当快药。它是一款基于 O2O 的医药健康类 APP，是协助药店提供信息展示的第三方服务平台。在国家推广便民、惠民工程的大背景下，仁和集团推出"叮当快药"服务平台，旨在打造惠民、便民工程，专注于帮助用户通过移动互联网终端实现买药及健康服务，为用户打造终端健康 4S 服务其口号是"核心区域 8 分钟免费送到家，一键解决购药难题"。

由以上案例可以看出，这些智能 APP 在移动医疗行业已经涉及很多方面，帮助人们做到了"求人不如求己"。智能 APP 的存在将患者医疗问题简单化，帮助人们更好地解决生活上的一些问题，紧密贴合了时代的要求，真正利用互联网技术实现了移动医疗的现代化。

智能 APP 不断被人们熟知，越来越多的人开始使用智能 APP 来解决生活中大大小小的问题，给予了人们极大的方便。人手一机的移动智能设备帮助人们更好地生活，节省了大量的人力、物力成本，创造了巨大的社会财富，促进了整个社会的进步。那么，究竟智能 APP 是如何做到"求人不如求己"呢？

一方面，智能 APP 实现了实时对接，通过互联网技术，做到客户咨询必答，并且汇聚了海量网友的回答，通过海量信息找到自己问题的答案，智能 APP 正好做到了这一点，帮助大家解决生活甚至工作上的一些问题。我国有近一半的人接触到网络，并且会在网络上发表一些自己的见解，移动智能设备的普及向大家提供了极好的平台，因此，智能 APP 的出现，更方便地解答了人们想咨询的一些问题，无形中做到了"求人不如求己"。

另一方面，智能 APP 更多的是专业领域的 APP，在平台发表的文章或内容更多地代表了这方面专家的见解，相比大家自己的思考更加具有专业性，因此，在智能 APP 上寻找答案，比询问别人更为快捷有效。

智能 APP 让人们做到了"求人不如求己"，完全归功于大数据的支持。只有真正地与大数据相结合，才使得智能 APP 深入人心，做到了现如今的成功，因此，科技的发展、时代的进步，大数据的支持使得智能 APP 成功地融入了人们的生活。

9

第9章

大数据与工业

约亨·科克勒博士曾说过："工厂系统与能源系统通过数字化方式相互连通，产品从研发到上市的周期将变得越来越短，新的商业模式将不断涌现。"对于互联网价值的认识，我国从上至下形成一个新的共识——消费和个人是互联网活力的起点，但并不是全部价值所在，下一步，将是更具有颠覆性的互联网工业时代。在互联网时代下，大数据+工业将成为社会有力的发展方向。

大数据时代，需求决定生产

在大数据时代下，工业成为一个国家的重点发展方向。工业互联网、工业 4.0 的反转，给未来工业格局带来了很大的不确定性。而中国作为首屈一指的制造业大国，应该如何开拓工业化发展的道路呢？能否达到"中国制造 2025"的预期目标？企业应该意识到需求决定生产。

工业的发展离不开智能化，而大数据则是制造业智能化的基础。大数据在制造业中大规模定制的应用包括数据采集、数据管理、订单管理、智能化制造、定制平台等，其核心是定制平台。只有对数据进行分析，才能帮助企业提升决策的正确性和营销的针对性，并决定生产策略的正确方向，减少企业的物流和库存成本，促进企业飞速发展。并且促进传统工业的转型升级，才可以实质性地提高服务业的发展水平，推动制造业的发展，实现信息化、服务化、全球化、智能化。

需求决定生产。企业通过利用大数据分析，使得生产中各环节的效率大幅提升和成本大幅下降，这将极大地减少浪费，优化供应链。同时，企业只有通过对大数据的运用和分析，才能准确地预测全球不同市场区域的商品需求，从而制定生产决策方案，实现制造业成本无浪费的投入，实现企业利润的最大化。

当前，大数据分析是很多电子商务企业提升供应链竞争力的重要手段。例如，京东商城通过大数据提前分析和预测各地商品的需求量，从而提高配送和仓储的效能，保证次日货到的客户体验。RFID 等产品电子标识技术、物联网技术以及移动互联网技术能帮助工业企业获得完整的产品供应链大数据，利用这些数据进行分析，将带给仓储、配送、销售效率的大幅提升和成本的大幅下降。

以海尔公司为例，海尔公司的传统供应链体系很完善，它以市场链为纽带，以订单信息流为中心，带动物流和资金流的流转，整合全球供应链资源和全球用户资源。在海尔供应链的各个环节，客户数据、企业内部数据、供应商数据被汇总到供应链体系中，通过供应链的大数据采集和分析，海尔公司能持续进行供应链改进和优化，保证了海尔对客户的敏捷响应。美国较大的 OEM 供应商超过千家，为制造企业提供超过 1 万种不同的产品，每一家厂商都依靠市场预测和其他不同的变量，如销售数据、市场信息、展会、新闻、竞争对手的数据，甚至天气预报等来销售自己的产品。

利用销售数据、产品的传感器数据和来自供应商数据库的数据，工业制造企业便可准确地预测全球不同区域的需求。也可以跟踪库存和销售价格，根据市场规律在价格下跌时买进原材料，这样制造业可以节约大量的原材料成本。再利用产品中传感器所产生的数据信息，了解、掌握产品是否出故障，还可以预测何处、何时需要产品零件。这将极大地减少库存，优化企业供应链。

由以上案例可以看出，在生产过程中，大数据能分析整个生产流程，了解每个环节的执行情况。一旦某个流程偏离标准工艺，信息就会产生一个报警信号，使企业能够快速地发现错误或者瓶颈所在，及时解决问题。

我们有这样的发现，在开学季，学校较多的城市对于文具的需求会比平时高出许多，因此，在促销方面，各大经销商就加大对这些城市的促销力度，制定营销策略吸引客户在开学季多订货，利用需求决定生产。因此，在产品生产之前，必须通过用户确定自己喜欢的、需要的产品来进行调整，以适应市场需求。

大数据时代，只有通过对数据分析，了解市场的需求，才能根据需求变化不断改变供应链生产方式，促进企业的发展。在销售分析方面，没有什么工具比大数据更了解用户需求信息。只有通过数据分析以及多维度组合，才能准确找出市场区域性需求的占比和变化，从而不断调整产品策略，促进需求营销。

互联网日益渗透到各行各业，互联网＋工业的概念也不断深入人心，越来越多的企业开始将互联网视作传统企业转型升级的关键因素。互联网与工业制作融合，必须通过大数据等现代计算机技术，将各方资源和竞争优势进行整合挖掘，从而找出最适应市场需求的产品，实现企业无库存、无积压、无撒网，避免一切不必要的成本支出。当然，如何使得需求决定生产也是一个重要的问题。

要想真正实现需求决定生产，一方面，需要收集大量且有效的数据进行整理分析，从而使得制造业能够生产出符合消费者习惯的产品或者服务，充分挖掘和分析这些消费者的动态数据，帮助消费者亲自参与到产品的需求分析和设计等活动中，为产品的生产做出贡献；另一方面，消费人群不同，需求量也不断变化，导致产品需求的多样化、个性化。当然，消费者与企业之间产生的大量交易数据是挖掘和分析消费者动态的基本条件。因此，要想真正实现需求决定生产，就必须分析和挖掘数据，智能化运用，第一时间生产出符合消费者要求的产品，给用户带去专属的享受，从而实现企业成本控制的最大化。

总而言之，数据是企业发展的强大决策支持，将释放巨大的商业价值。互联网技术的日臻成熟，使得数据的收集与分析更为方便，为工业的发展提供更多精细的生产建议。利用大数据分析消费者需求，让需求决定生产，将大数据与企业生产相结合，才能更好地促进企业经济的发展，并提高整个社会经济活动的运行效率，有序推进我国经济发展转型。

个性化生产，让消费者参与产品设计

个性化生产已经成为当今社会消费者的一个消费行为习惯。每个人都想拥有自己喜欢的产品规格，但要想真正让消费者满意，生产他们想要的个性化产品，最好的方式就是让消费者参与产品设计，利用大数据找到精准的客户资源，沟通交流后进行个性化生产，才能真正让消费者满意，当然，工业生产更是如此。

目前，越来越多的人开始把对大数据的分析作为企业设计生产的一个关键影响因素。传统的设计生产模式已经不能满足现代消费者的要求。个性化的生产是当今社会消费者的追求，企业想要做到这些，就必须调研让消费者参与产品设计，但是，企业设计生产的现状证明，不能按需求人人都参与到产品的设计中去，因此，只有利用大数据，研究消费者的需求和特征习惯，再结合当前社会的调研现状，组织生产最符合消费者要求的产品。

红领服饰从 2003 年开始，用了十几年的时间，投入数亿元资金，以 3000 人的工厂作为试验室，对传统制造业升级进行了艰难的探索与实践，形成了完整的个性化产品大规模工业化定制模式，实现了信息化与工业化的深度融合，直到 2015 年，成为了"私人定制"服装行业的楷模，形成了互联网工业的独特价值观，创造了互联网工业落地的方法论。

当今美国 3D 打印技术产业化已上升至美国的国家战略，德国互联网融入智能制造（即工业 4.0）的工业化也上升为德国国家战略，美国、德国代表着信息工业发展的世界潮流。这一潮流的本质是以信息化与工业化深度融合为基础，以 3D 打印技术产业化为实践路径，充分发挥智能制造深层融合，从而实现个性化定制的大规模工业化生产，进入互联网条件下的个性化制造。其先进性在于以工业化的效率控制成本，制造个性化产品，增强竞争力。

红领服饰最大的突破在于改造生产和组织流程，实现规模化的定制生产。个性化定制平台基于三维信息化模型，以订单信息流为核心线索，按组织节点进行工艺分解和任务分解，以指令推送的方式将分解任务推向各部门（工位），在基于物联网技术的数据传感器，持续不断地收集任务完成状况，反馈至中央决策系统及电子商务系统，透明、高效地实现商务流程和生产流程的基础信息架构。

红领平台用大数据系统替代手工打版，经过 CAD 部门的大数据制版后，信息传输到布料准备部门，按照订单要求准备布料，裁剪部门会按要求进行裁剪。裁剪后的大小不一、色彩各异的布片按照一套西服的要求挂在一个吊挂上，同时配戴一个射频识别电子标签，该标签全流程跟踪生产流水线和供应链并传达指令，流水线上的各个工序员工根据芯片指令完成制作。每个工位都有专用电脑读取制作标准，利用信息数字化的快速、准确性传递个性化定制工艺，确保每件定制产品高质、高效地制作完成；并且每一道工序，每一个环节都可以在线实时监控。通过全程数据驱动、传统生产线与信息化的深度融合，实现了以流水线的生产模式制造个性化产品。

由以上案例可以看出，红领服饰实现了个性化定制，用工业化的手段和效率制造个性化产品，真正做到了以消费者的意愿来设计产品。"互联网＋工业"的新模式为中国传统制造业转型升级提供了一种新的思路和路径。那么，如何让消费者参与其中，实现个性化定制，生产出消费者满意的产品呢？

1．运用互联网技术，构建消费者直接面对制造商的个性化定制平台

个性化定制平台将制造商和消费者置于同一个平台系统，在快速收集消费者分散、个性化需求数据的同时，消除了传统中间流通环节导致的信息不对称和各种代理成本，从而降低交易成本。其本质是在探索一种将生产供给和顾客需求及时、直接结合的运营模式，也是让消费者亲自参与个性化定制的关键。

2．运用大数据和云计算技术，将大量分散顾客的需求数据转变成生产数据

红领服饰的成功不仅仅是个性化定制，而且将企业的生产和大数据、

云计算等技术完美融合，做到了将大量分散顾客的需求数据转变成了生产数据，设计出符合消费者需求的服饰。在工业时代，将产业互联网与消费互联网完美结合，实现规模化按需定制。真正让消费者既可以在电子商务平台上进行自主化设计，又可以自主搭配，让消费者拥有满意的个性化定制。

3．借助互联网和大数据，改变企业生产和组织流程，实现大规模个性化生产

只有借助大数据，逐步改变企业生产和组织流程，才能实现大规模个性化生产。要想真正达到消费者需求，就必须借助大数据，研究消费者的消费习惯，才能实现精准化规模个性化定制，才能在这场定制中实现利益最大化，从而摸索出互联网与工业深度融合的新模式。将工业生产的互联网思维、全程数据化驱动的生产流程、顾客和制造商直接联结的运营模式等结合在一起，打造智能互联网工业解决方案，为传统工业转型升级提供支撑。

要实现个性化定制，就需要全面响应"互联网＋工业"的趋势，注重消费者的体验，通过大数据让消费者真正参与其中，完善个性化定制。同时，推出可跨界复制推广的传统工业改造升级的解决方案，真正将互联网＋大数据＋工业结合起来，真正做一个"中国制造2025"的践行者。

华为：布局万物互联的工业 4.0 大数据时代

近几年，工业 4.0 被大家频繁提起，各行各业的人都开始关注这个新名词，认为工业 4.0 是企业发展的一个重要的关键因素。而华为企业在大数据时代下，抓住机遇，做到了布局万物互联的工业 4.0 大数据时代，将

企业的发展与当今时代相结合，实现了企业收益的最大化。

在工业4.0的基础上，实现万物互联是许多企业的追求。目前互联网技术是整个社会的主要操作系统，它的存在将重塑传统行业的微笑曲线价值链，实现各个环节共同创造价值、传递价值、分享价值，在大数据布局万物互联的工业4.0大数据时代的影响下，实现真正意义上的万物互联工业4.0的大数据时代。

在2015年华为首席财务官孟晚舟曾表示：华为聚焦的管道行业将是支撑产业互联网的关键，到2025年，其市场前景将达到4000亿美元。华为认为，到2025年，预计全球互联数将超过1000亿，互联就像空气和水一样，终将融入到我们生活的每一个角落，无所不在。万物互联、大数据将驱动智能化的新工业革命，驱动传统产业升级，重构新的工业文明和商业文明。产业创新焦点将从消费互联网向产业互联网迁移，未来将是一个美好的全联接世界，万物互联、随时在线将成为新常态。

德国最早提出了工业4.0的概念，而工业4.0的核心是云计算、大数据，它将颠覆传统行业的重构，华为所聚焦的管道行业将是支撑产业互联网发展的关键。谷歌在2014年尝试推出无人驾驶汽车，其中最核心的技术就是数据传输和互联。无人驾驶汽车对技术的要求是每一次传输的时延要小于1毫秒，转换为我们可理解的定义就是谷歌汽车在行驶每小时80公里的状态下，每一米的行驶距离将完成一次数据传输和转换，这样才能保证汽车在道路上安全行驶，这就是华为5G技术研究所正在解决的问题之一。

华为轮值首席执行官徐直军也曾指出，管道战略是华为的核心战略和主航道，未来投资都会围绕管道行业。华为始终坚持聚焦管道战略，"力出一孔"，沿着信息管道进行整合和发展。运营商、企业、消费者业务领域紧密围绕管道进行投资和协同，为客户提供更快、更宽、更智能的信息管道和服务，共同应对大数据时代的机遇和挑战。

孟晚舟说："不管华为的哪一项业务，只要我们认定了方向、认定了目标，就会始终如一、心无旁骛地坚持下去。所以，对我们来说数字并不是重要的，重要的是如果我们认为这个行业是值得深度投资和开发的，就会坚持在这个领域的投资策略和业务策略。"

由以上这段话可以看出，工业 4.0 概念的兴起，是通过新的数据通信来协同制造、协同营销的，这是企业的关键一步。这三种潮流虽然从不同方向开始，但都是在同一个目标结束——在大数据的基础上，实现"万物互联"，这就是华为企业在这一方面所做出的突出成就。

自 2015 年开始，中国企业家们纷纷前往德国德累斯顿市的一个虚拟未来工厂参观。开始注重智能工业 4.0 的存在，未来的世界必将是注重工业 4.0 的社会，智能化的流程将逐渐融入我们的工作和生活中。那么，华为企业是如何做到布局万物互联的工业 4.0 大数据时代的呢？

一方面，华为为了使自身企业实现万物互联的标准，真正掌握未来社会亿万财富之门的钥匙，为自己制定了详细的目标，坚持管道战略，加大对技术研究领域的投入，从而达到优化组织架构的目的，真正实现布局上的万物互联，实现工业 4.0 的大数据时代。

华为集团曾经做过一个详细的统计预测，到 2025 年时，智能手机用户在全球范围内将有 80 亿人，1000 亿终端将通过网络相互连接。简而言之就是在工业 4.0 的大数据时代下，在未来的 2025 年，每一天每一分钟，都会产生比现在多无数倍的信息流和数据流，将成为一个大数据流量时代。在这样的前提下，华为适时提出了坚持管道战略，就是将大数据理解为水，华为就是运输水的管道。华为加大对技术研究领域的投入，并运用复杂系统对这些水进行处理，然后通过管道将这些水送到需要的地方，从而实现真正意义上的组织架构优化，实现真正意义上的万物互联。

另一方面，华为坚持追求一流的科研技术和"互联网+"思维，将移动宽带、云计算、大数据分析、物联网、社交网络和互联网紧密相连，在智能化的工业革命浪潮中，实现万物互联，实现真正的工业 4.0 时代。

华为一直致力成为未来几年甚至几十年内推动整个工业 4.0 产业生态链的中坚力量，成为这一领域的主导者之一。布局万物互联的工业 4.0 大数据时代，就需要在未来的社会中，精心打造万物互联的世界，华为的大数据流量管道，极大地推动了工业 4.0 时代向前发展，为传统企业转型升级提供极大的便利。显而易见，企业想要在未来社会发展肯定离不开华为打造的万物互联的驱动。

长虹：进军数字化和个性化，推进智能化工厂转型

在 2016 年 3 月，谷歌的 AlphaGo 进行的人机围棋大战，引发了围绕人工智能的各种思考。而无人汽车和各种 AI 的实践经验证实，也让越来越多的人感觉到生活正在被人工智能渗透。但是，我们到底需要什么样的人工智能？人工智能又如何服务于我们，提升我们共同的福祉？这样的话题不断引起大家的热烈讨论，接地气见效果的智能服务成为大家的共同期盼。

阿基米德曾经说过："给我一个支点，我可以撬动整个地球。"这句话，同样可以用来形容长虹公司刚刚发布的全球首个开放的物联运营支撑平台（United Platforms，简称 UP 平台）的支点价值。这次长虹的 UP 平台，是看得见、摸得着、感受得到的、实实在在的智能服务的生动应用。

2016 年 3 月 30 日，长虹发布全球首个开放的物联运营支撑平台（United Platforms，简称 UP），标志着长虹智能服务新兴产业的核心基础能力构建的形成。根据长虹提出的"十三五"五大新兴产业发展规划，智能服务业将是长虹转型的新引擎。

UP 平台的基础是长虹拥有的海量智能硬件用户群、具有强大的软件服务和大数据运营能力。长虹和 IBM 成立了大中华区首个大数据竞争力分析中心，并成立行业首个大数据公司。经过数年积累打磨后的 UP 平台，将实现智能硬件、O2O 服务等用户行为数据的采集、分析并反向完善智能硬件和 O2O 服务，跨界协同聚合用户，为用户提供"更加懂你"的个性化"产品＋云＋数据＋服务"，由此将家电行业带进"物＋联"的智能服务新时代。目前，长虹智能产品达 5 000 万台，由此产生的设备数据 100PB；拥有 5 000 万用户，用户行为数据超过 80PB，用户标签 15 782 个，活跃用户超过 1 200 万人。这显然是家电同行之中领先的实践与布局。

长虹 UP 平台具有安全、平衡、开放的三大特点。UP 平台全面支撑长虹各产业单元业务，以及智慧家庭、智慧社区、智慧生活等领域孵化的物联网创新应用业务，即由物到"物＋联"。为什么叫"物＋联"？长虹首席技术官（CTO）阳丹形象地归纳为——通过物与物之间相互连接，或者说是物和互联网和人之间的连接，就会产生某种程度的化学反应，而化学反应的直接表达是用户和用户行为诞生的数据，而通过用户和用户行为诞生的数据本身，就存在各种运营的可能。或衍生更多的智能服务，甚至可能产生企业意想不到的其他服务，这就是生态系统自循环产生之后的动力与魅力。

通过 UP 平台平衡产品布局和用户运营，为长虹带来了显著的运营优势、战略优势和竞争优势，实现"把握用户入口、构建平台生态、汇聚社会资源、形成商业形态"；这样将产生更多新的商机，而且具有巴菲特所言的"广阔护城河",远远抛离传统的竞争对手。

同时 UP 平台是一个开放的公共服务平台,非私有云,打通物联智能硬件开放、支持物联网生态应用及推广,以平台形式提供技术和服务的能力。同时,平台汇集各种数据,拥有"数据湖"的资源,但业务数据私有化,平台不具备第三方数据的拥有权。这种开放的态度,在移动互联网时代至关重要。作为一家传统制造业企业,长虹迈出难能可贵的一步,并且还将致力于转型发展,这就更具有标志性意义。

UP 平台还具有整合智能研发、智能制造、智能交易及强大的供应链等资源,最终实现"O2O+C2B",以数据驱动为用户主动、无感、精准提供"所需即所得"的个性化产品及服务。自 2015 年以来,长虹先后推出"点点帮"智慧物业、"妥妥医"智慧健康、"购食汇"智慧饮食、"E 家能"智慧能源等业务,这些业务都开始大规模落地运营。

由以上长虹企业可以看出,长虹 UP 平台是一个智能型应用,而且开放、平衡、安全,并为第三方友商提供强有力支撑。长虹掌门人赵勇曾经说过:"未来长虹不再是一个家电制造商,而是一个生活服务商。在未来,手机可以免费,电视也可以免费,它只是一个服务终端而已。"长虹 UP 平台拥有用户中心、设备中心、支付中心等 21 个能力中心及能力开放平台,在此平台上,友商、第三方开发者、创业公司等都可以实现平台共享、能力共享,从而大大节省了合作伙伴的物联数据运营效率,有效获取用户行为数据,实现终端设备的自动响应与服务,并根据用户需求进行大规模个性化定制。

预见未来的最好方式就是创造。长虹首席技术官(CTO)阳丹引用美国前总统林肯的名言称,"这是一个逐渐展开的未来,坦白讲,我们现在也不敢说完全了解它。"万物从互联到"互懂",决策从人工到智能,智能物联网正将人类发展推向奇点。有人称，长虹这一次华丽转身，有望成为家电行业之中的 IBM，这是一个必然趋势。那么，长虹家电究竟如何进军数字化和个性化，推进智能化工厂转型的呢？

一方面，实现 O2O 营销，线上与线下同价格。如何实现更为开放和更具互动性的导购模式，将对传统零售业的互联网转型带来重大影响。只有实现线上与线下同价格，做到真正由用户自己产生的数据来归纳分析用户行为，挖掘产生对用户最有价值的建议。比如，智能化应用小到家用冰箱缺少饮料后自动反馈给用户，大到根据你的身体状况为你做出健身计划，而这些智能化服务将使大家日常生活的满足感、幸福感与安全感不断提升。

另一方面，物联网的存在帮助长虹由硬件智能向智能服务迈进，不断分析客户需求，实现个性化和智能化应用，传统工业向智能化工厂转型，实现了物联网的商业布局。众所周知，智能化家居的应用在大数据时代成为所有企业重视的一个问题，只有真正地将移动互联网和物联网结合起来，才能更好地实现信息与数据的交互，在工业 4.0 时代，实现智能化工厂的推进。

互联网 + 时代下的长虹，在不断智能制造升级，不断改革创新之后，实现了快速升级、飞跃发展，从而推进了传统工业的转型。长虹作为新时代的标杆，在这个工业 4.0 的时代，开拓进取，不断创造行业的奇迹和辉煌。

海尔：用大数据为客户提供私人定制服务

工业 4.0 时代的出现为大家提供了更好的产品，个性化定制服务成为最大的特色。每个人都可以根据自己的性格、爱好，按照自己的心意制造产品。而海尔集团的私人定制就是在这种大趋势下应运而生的，用大数据为客户提供私人定制服务，并把互联网基因注入到企业的血液中，使海尔企业在激烈的市场竞争中立于不败之地。海尔打造全球首家空调智能互联工厂，实践"工业4.0"，开启私人定制时代。

作为家电行业的佼佼者，海尔家电一直致力于为客户服务，企业只有了解了消费者需求，才能争取牢牢占据市场的主动权和话语权。如今的海尔集团率先掀起了家电私人定制的热潮，实现了对传统制造模式的颠覆，促使家电行业向工业4.0时代迈进。

2015年4月16日，海尔全球定制洗衣机暨可视互联工厂发布会在三水举行，首批由全球50万用户参与众创定制的洗衣机正式启用。全球用户都可以向位于三水工业园的海尔佛山滚筒互联工厂（以下简称"佛山海尔"）定制洗衣机。

众创洗衣机还有一个小名——"intelius"，寓意智能、品质、高科技。intelius可以满足用户对功能差异化的需求，比如，法国人偏爱将洗衣机放在靠近卧室的位置，因此需要更静音；德国人热衷于环保，希望洗衣机更节能；俄罗斯人提出洗衣机操作要更简便等……

发布会现场排列各式intelius洗衣机，洗衣机的颜色、大小、功能各异，有着明显的用户定制特征。其中一台洗衣机的控制面板在待机状态下，显示的是用户的全家福照片。"在基础功能上，如果用户需要烘干，就加一个烘干模块。"现场工作人员介绍，控制面板共有5类26个模块，超过1万种组合可供用户自由搭配。

佛山海尔建成行业内首个精密装配机器人社区，应用200多个无线射频识别器，4 300多个传感器，10台视觉识别机器人，60多个设备控制器，彻底实现自动无人生产的"黑灯工厂"。全球用户都可以在此私人定制洗衣机，并且在下单之后，拿起手机，就可以看到实时的生产信息，比如何时排产、何时上线、何时发货等。

由以上案例可以看出，海尔集团真正做到了将互联网和大数据融合在一起，实现了互联工厂。海尔订制流程并不是完全封闭的，而是透明化的。用户将自己的需求通过订单的方式传送给海尔服务人员，海尔服务人员会将订单送进互联工厂，工厂将会随即下单定制所需模块。有效地利用了智能化、信息化、模块化等先进的生产理念，将用户的个性化需求直接与工厂相对接，实现了对传统制造模式的颠覆，促使家电行业正在向智能化工业 4.0 时代转型，这就是海尔的私人定制。

当然，海尔定制的整个流程包括：定制需求、定制内容、定制下单、定单确认、模块定制、装配、物流、使用交互等关键性阶段。在整个私人定制的流程中，并不是完全封闭的，用户可以通过各种终端设备获取订单进程，了解订制产品在整个生产流程中的进展和具体位置。这就是在互联网时代，有效地利用智能化、信息化、模块化这些先进的生产理念，向互联网＋与工业 4.0 时代靠近。

智能化生产线成为主要的发展方向，而在海尔家电的私人定制中，整个智能生产线集合了产品数据、设备数据、供应商数据、操作者数据、在线智能检测数据、入库数据等。生产过程中的各项重要数据构成了一个庞大的数据链系统。并且将所有零部件和整机通过条码或 RFID 身份识别系统实现了产品的全生命周期管理，实现了智能化的私人定制。

第 10 章

10

大数据 + 其他行业

当前互联网＋大数据在不断影响着人们生活的方方面面。各行各业都需要互联网＋大数据来帮助企业准确地进行决策和应用。互联网＋大数据为企业决策能力、洞察力与最佳处理能力提供了有利条件，为各行各业提供了前所未有的空间与潜力，互联网＋大数据在潜移默化间影响着这个时代，并促进了各行各业的飞速发展。

互联网 + 大数据影视业

近几年大数据、工业 4.0、互联网＋等名词不断被大家认识，影视业也迎来了行业的小高峰。从 2015 年开始，中国电影的"互联网＋"，已渗入全产业链。首先，在线选座功能，给观众带了极大的便利，出现了包括美团猫眼、格瓦拉、微信电影票、百度糯米、淘宝电影、大众点评等竞争者，很多平台都有 BAT（百度、阿里巴巴和腾讯的简称）这样的巨头。其次，电影还可以通过互联网做大数据分析。通过大数据分析了解观众的年龄层，并挖掘观众的需求和真实偏好，根据分析结果决定影视作品的题材，这样编辑出来的影视作品更容易获得成功。比如,郭敬明的电影《小时代》,周星驰的《美人鱼》,大鹏的《煎饼侠》等都是互联网大数据的成功案例。

2015 年是中国电影业、影视业百花齐放的一年,电影票房屡创新高、网络剧风起云涌、原创 IP 洛阳纸贵……2015 年全球电影市场票房收入达到 380 亿美元,其中北美市场票房达到 110 亿美元,中国电影市场票房高达 67.8 亿美元,增速创 11 年来新高。根据现有发展速度,预计 2017 年中国有可能超过美国成为电影票房世界第一。中国电影业金融化方兴未艾,大数据分析有力助推,将加快影视业的飞速发展。

截至 2015 年 4 月 6 日,由周星驰执导的春节档大片《美人鱼》在上映 59 天后总票房已达 33.9 亿元,不仅成为中国内地电影历史票房冠军,而且几乎刷新了国内所有票房的相关纪录。根据艺恩 EBOT 日票房智库显示,该片累计观影场次为 212 万,人次为 9 237 万。而在春节档观众满意度调研中,《美人鱼》凭借 84.7 的总分获得第一,比去年同期的第一名《狼图腾》高出两分。这部三年磨一剑的作品在票房与口碑上都同样的出色。

根据艺恩 EFMT 电影营销智库监测,在当月上映的大众影片中,《美人鱼》的认知指数和购票指数遥遥领先,与其事先吊足大众胃口不无关系。由于有了周星驰这样的明星招牌,因而《美人鱼》的整体营销以情怀作为关键切入点。从《美人鱼》上映前后的认知指数来看,自首款"兴风作浪"海报曝光以后,影片的整体认知指数就一直维持在 6 分以上;自从"鱼水合欢"版预告片曝光以后,"咸鱼梗"作为星爷电影的标配引发了广大星迷的集体共鸣,影片的认知指数超过 7 分;终极预告发布时,环保与纯爱两个主题的透露,在降低观众对特效预期的基础上又引发观众对故事的好奇,有效地保持了观众对影片的"饥饿感",此后其认知指数持续在 7 分以上的较高等级,突显出热门影片的气质。

此外，无论是星爷周星驰、小爷吴亦凡和馨爷甜馨在新浪"微博之夜"的三代聚首，还是联合新浪娱乐发起"一代人的周星驰"微博话题讨论，亦或是周星驰亲手操刀《无敌》的词曲，邀请莫文蔚携手郑少秋重新演绎《世间始终你好》，营销方麦特文化新媒体团队点石采用的情怀策略无疑都是强有力的"回忆杀"，进一步提升了电影的知名度和影响力。甚至，在倒计时预告片的剪辑中也提取了周星驰的几部经典影片桥段，"借旧影说新语"的用意不言而喻。而正太萝莉 COS 美人鱼活动、微信公众号特色事件的策划，无疑为这场轰轰烈烈的营销锦上添花。

由以上可以看出，影视业的成功不仅仅是依靠影片本身的实力，而且与营销过程中的营销手段紧密相连，毋庸置疑的是星爷陪着无数的人走过青春岁月。而互联网的存在一直与听众相互动，走在时代的前沿。实际上，互联网思维将越来越成为人们获得成功的重要工具。周星驰也曾带着主演在 20 多个城市进行声势浩大的宣传活动，以确保信息能够尽可能地覆盖更多的人群。

正是借助于上述的情怀之力，使得《美人鱼》顺利接过《捉妖记》之棒，成功坐上中国内地影史冠军的宝座。当然，在营销的思路上，《美人鱼》走的是一条循序渐进的道路。《美人鱼》通过大数据发现了互联网粉丝圈之外的人群，通过各种手段吸引这些人，促使《美人鱼》未播先火。

当然 2015 年可以定义为中国电影的"大数据元年"，在这一年，无数优秀的影视作品得到大家的认可，电影市场也迎来了一个事业的高潮。那么，在这个互联网＋大数据的时代，影视业是如何发展的呢？

（1）抓住潜在消费者群体需求，实现精准化营销。我们再以《美人鱼》为例，其通过对各个交流平台的大数据收集和分析，制作方将潜在观众定位在 80 后与 90 后中间，因这一部分人群有一个共同的特点，即星爷的忠实粉丝。因此，对这些人群做精准化营销，并大力宣传，甚至发行的各项工作都是围绕这一群体的喜好展开，真正做到精准化营销的极致。

（2）电影院的强大推动力量，实现 O2O 营销闭环。在美团、大众点评等众多电影票优惠活动已经成为线下电影院的主要营销渠道。与其用大量的资金去广告宣传或者制造花边新闻博眼球，不如通过互联网对真正的潜在客户实行购票优惠活动，不仅仅实行票价优惠，还能有机会参加由影片演员参与的嘉年华活动，真正让粉丝有机会与偶像面对面互动，增加其吸引点。

（3）社交网络的营销与宣传。随着互联网技术的不断发展，微博、微信等社交软件不断吸引着大批的网民。所有大数据的支撑几乎都有新媒体的影子，如果能利用好新媒体及大数据，进行软文营销，自然会不断吸引忠实粉丝不断转载和评论。而通过粉丝的转发，势必会带来更多的关注人群，从而获得更多的数据信息，分析挖掘消费者的内心需求，真正做到个性化营销与宣传。

虽然影视市场具有较大的不确定性，但随着互联网技术的不断发展，以及数据信息量的不断增加，使得影视行业的发展在近几年如火如荼。互联网 + 大数据让影视业迎来了又一个"春天"。因此，大数据和互联网 + 是影视业发展的两个不可或缺的元素，只有重视它，才有助于提高成功的概率。未来影视业的发展，需要那些既懂创造又懂得数据技术创作的复合型人才，才能获得良性发展。

互联网 + 大数据旅游业

在互联网 + 大数据不断受到重视的今天，旅游业也抓住机遇，加快行业的发展步伐，迎来一个新的发展高峰。传统的旅游模式已经不再适应当今社会，"互联网＋"出现在旅游业中，在游前、游中、游后发挥着独特的优势，通过线上信息展示、营销、互动、决策、预订、支付等模块，形成线上线下服务体验的O2O营销闭环模式。

当然，互联网的本质就是去中间化，信息化的演进，智能终端的普及，使得传统旅行社依赖基础信息不对称获利的经营模式被瓦解、分裂，市场存在的合法性也逐渐消失殆尽。在受到在线预订旅游的不断冲击时，传统的旅游行业处于市场份额被挤压、利润缩减的困境。因此，互联网＋大数据的旅游业也应运而生，并加快了旅游行业的发展步伐。

打个简单的比方，一个在A城的游客，通过B城的平台，预订了C城的景区酒店。游客的整个旅途中并没有出现在B城，但最大获利者却是B城，既挣了A城游客的钱，也挣了C城景区酒店的钱。这种打破地域空间限制的商业模式，使旅游目的地的景区和酒店只是旅游业的"加工厂"，B城的平台才是"销售者"。

互联网＋大数据在旅游业的基础价值就是使很多分散的用户，按分散的组群连接起来。把很多零散的需求聚合在一起。互联网平台的客户端发展到一定程度，掌控了市场较大的份额时，便拥有较强的议价、定价能力，以及更大的话语权。这样目的地的景区和酒店在整个交易过程中，只是产品的加工环节和提供者，而"议价权"不强，"话语权"不强的交易将受制于互联网平台企业。

由以上案例可以看出，互联网＋大数据旅游业已成为我国必然的发展趋势。2015年10月12日中国国务院办公厅发布《关于进一步促进旅游投资和消费的若干意见》，提出要积极发展"互联网＋旅游"，争取到2020年，全国4A级以上景区和智慧乡村旅游试点单位实现免费WiFi（无线局域网），智能导游、电子讲解、在线预订、信息推送等多功能全覆盖，在全国打造1 万家智慧景区和智慧旅游乡村。由此说明，互联网 + 大数据旅游业上升为国家重点发展战略。

当然，"互联网 + 大数据旅游业"的发展方向和目标是顺应我国旅游业发展趋势的必要步骤。"互联网 + 大数据旅游"不仅要接入 WiFi、装上设备，更重要的是完善互联网技术和平台提供的完整信息处理机制。因此，要在可接受的伦理边界内最大限度地消除旅游需求和供给之间的信息不对等，以实现更加充分的市场出清。由于旅游需求最显性的表现是每天产生海量非结构化数据信息，使旅游大数据的广泛收集和深入挖掘成为决定市场出清水平的关键。

曾流传过这样一句笑侃："内事问老婆，外事问百度"。这句话虽有调侃之嫌，但也足以说明互联网对人们日常生活的重要程度，那么，旅游更是如此。百度已经成为人们日常生活中最常用的工具，在互联网 + 大数据旅游业方面，由百度定义了其核心属性，并代表了智慧旅游的最基本发展方向。

深圳东部华侨城坐落于中国深圳大梅沙，占地近 9 平方公里，由华侨城集团斥资 35 亿元精心打造，将华侨城打造为国内首个集休闲度假、观光旅游、户外运动、科普教育、生态探险等主题于一体的大型综合性国家生态旅游示范区，主要包括大侠谷生态公园、茶溪谷休闲公园、云海谷体育公园、大华兴寺、主题酒店群落、天麓大宅六大板块，体现了人与自然的和谐共处。

唐宋中国与深圳东部华侨城自 2012 年合作，解决了东部华侨城整体智慧旅游营销体系的数字官方平台创意运营 + 酒店门票预订系统开发 + 全年旺季活动策划及网络传播 + 社会化运营 + 移动环境应用创意营销工作。2016 年重点将是移动环境的整合营销传播。

针对东部华侨城景区遇到的瓶颈，唐宋中国在进行了多方的分析及调研后，及时与营销宣传部门和技术部门进行深入沟通，结合当前情况以及未来智慧旅游的发展方向，唐宋中国提出了一系列可行的解决方案：

第一阶段，完成整体智慧旅游营销体系的数字官网创意工作。整体数字品牌围绕景区定位对"度假感动生活"进行整体重新包装，并提出了国内独创的虚拟导游形象设计，结合景区的景点特色，合理地将活动及相关游客最关注的信息展现到首页。

......

第五阶段，完成整体智慧旅游营销体系的移动环境应用开发工作。东部华侨城在开发完成 APP 移动应用时，于腾讯微信 1.0 应用平台申请第一批订阅号，并进行了深度开发，开发完成后，将完成手机端官网的设计开发工作。

在这个智慧旅游营销体系整体解决方案的规划下，东部华侨城景区完成了整体互联网智慧旅游营销体系建设的初步建设工作，为进入智慧旅游景区电商运营打下了坚实的基础。

东部华侨城官方一致肯定"智慧旅游"概念的夯实落地，实现完美对接与连通。作为中国景区的先驱，东部华侨城一直注重智慧旅游的建设与开发，使得东部华侨城智慧旅游营销体系超越其他华侨城体系下的景区，以智慧网站、智慧电商与移动应用端用户并驾齐驱，是当下中国智慧旅游营销体系建设的成功标准。作为国内顶尖生态综合景区的领先企业，华侨城在智慧旅游建设工作中一步一步进入正轨。

由以上案例可以看出，智慧旅游的建立是在互联网＋旅游的时代背景下应运而生的。这不仅仅是国家战略的重要支持，更是要求旅游业必须将互联网与大数据相融合，才能更好地促进旅游行业的发展。那么，互联网＋大数据旅游究竟要如何开展才能促进旅游业更好的发展呢？需要做到以下两个方面。

一方面，要想真正地促进旅游业发展，就需要以游客最为关注的出游时间和费用问题进行分析，找出最合适的旅游方式，实现互联网＋大数据旅游，促进旅游业的发展。随着互联网技术的日益成熟，将带来"搜索、预定、合约、反馈"等环节的网上操作，使得游客在旅游出发前就能通过网络完成旅游流程的订购，有效地节约了游客的时间和人力成本。当然，如今移动客户端能很好地解决出游流程，并不断地完善此类业务。比如携程、途牛等都具有在线旅游定制方式。

另一方面，大数据变革旅游经营模式，不断对市场需求方向进行精准预测。比如百度搜索、12301 投诉平台等集通信、网络搜索、游客消费等信息平台的出现，有助于开展大数据分析和融合，进而预测游客的喜好、大众的情绪，市场潮流、不同人群的关注点，不断为旅游产品精确设计、为游客精准服务提供依据。

大数据旅游业的发展对游客而言是较为方便的。尤其是线上宣传与落地服务的不断完善统一，使得越来越多的游客获得优质的服务。好的产品都需要线下提供优质的服务，这是毋庸置疑的。因此，在新的商业模式中，掌握大数据平台，并不断通过互联网技术完善自身服务，才能更好地促进旅游业的发展。

互联网＋大数据交通业

传统模式的"人海战术、人力作业、人工运转"早已无法解决当前的交通管理问题，需要借力大数据、"互联网+"，走出一条全新的发展之路。互联网+大数据交通业已经成为时代势在必行的发展要求，只有真正将互联网+大数据运用到交通业中，才能更好地促进交通业的发展。

滴滴打车、快的的出现促使人们出行更加方便。而互联网+大数据交通业也成为了城市管理和规划的一个重要信息。比如，滴滴打车让打车人预约，那么贵重物品再也不怕落在出租车上；各类专车、快车、代驾随时高质量恭候。交通大数据的海量信息对当今社会交通业产生了较大影响，移动互联网的出现为交通运输业提供了强大助力。只有不断提升交通运输的服务体系，建立完善的信任体系，才能打造出智慧交通城市，并促进交通运输业产业化的脱变转型。

下面就以甘肃省"互联网+交通"来说明互联网+大数据对交通业的影响。

2016年5月9日，甘肃省"互联网+交通"行动推进方案出炉：至2020年，甘肃省高速公路和国省干线公路沿线、客货运站、物流园区4G信号覆盖率有望达到100%，二级及以下公路沿线4G信号覆盖率达到80%。与此同时，实现公众及时准确获取实时交通及全方位出行信息，让个性化、差异化出行需求能够得到充分满足。

为争取达到高速公路4G信号覆盖率达100%。甘肃省将推进"互联网+交通"3125行动，即在交通基础设施、交通运输服务、行业治理能力3大领域开展12项重点行动，实施5大基础支持工程，加速互联网与交通运输行业深度融合，促进"互联网+交通"新业态的发展。

推广全省统一的交通运输公众服务平台，线上线下紧密结合，出行信息与服务在农村及偏远地区实现全覆盖，让个性化、差异化出行需求能够得到充分满足。优化完善"互联网 + 交通"基础设施。到 2020 年年底，建成较完善的交通通信网络和外场监控体系，重点区域的外场数据自动化采集覆盖率达到 100%，并建立交通运输地理信息平台。

加快推动支付宝、微信、财付通、APPle Pay 等互联网支付工具在出租汽车、长途客运、轨道交通、水上客运、公共自行车等公共交通工具中的应用，形成线上线下多种支付方式并存的融合局面，为出行消费、充值缴费、业务办理等提供多元化的支付渠道。大力推动"12328"交通运输信息平台建设，到 2018 年年底，建成功能完善、应用丰富的"12328"平台，为出行信息查询、网上购票等应用提供统一接口，进一步提升交通运输服务品质。建立交通"一卡通"互联互通体系，将互联网支付工具、陇原卡、公交卡、银行卡、手机 NFC 等支付工具纳入交通"一卡通"体系。为用户交易提供丰富的支付渠道，实现交易的快捷支付。

由甘肃省的互联网 + 交通的案例大家可以看出，互联网 + 大数据交通业的发展已是大势所趋。甘肃省通过互联网不断改善各地区的交通环境，并加快当地经济水平的提高。甘肃省通过互联网 + 交通更好地加快了交通业的发展，极大地方便了人们的生活和工作。交通业的发展让甘肃省真正实践了"要致富，先修路"，并不断促进了当地经济水平的提高。互联网 + 大数据交通业已成为当今社会发展的新模式。那么，在大数据时代下，究竟如何让互联网 + 交通更好地发展呢？

（1）学会借助大数据、云计算等互联网技术，加快交通运输系统各要素之间的连接与共享。建立起综合性一体化的智能交通管理服务系统，实现人、车、路、信息和管理服务的相互连接，实现高效、智能化的交通管理。

（2）借助互联网 + 大数据的高速发展趋势，打造出智慧交通城市。互联网 + 交通业已经成为交通领域的发展趋势，只有不断促进其纵向深入发展，并推进交通业的转型升级，才能真正打造出智能化的交通城市，向工业 4.0 时代更近一步。

移动互联网的发展使交通业衍生出许多以服务为产品的创新业务。互联网技术的不断发展，使得交通业不断涌现新兴产品。如滴滴打车、优步专车等都是在不断改善交通业的发展中形成的新兴代步工具，且更加智能化、智慧化。

综上所述，交通作为人们生活、工作中重要的一部分，在大数据时代下，与互联网＋大数据紧密结合，实现智慧交通的目标，通过大数据分析技术预测未来将要发生什么，贯彻国家的重大战略目标，进而更好地促进经济效益的发展，实现交通业的飞速发展，以更好地为服务人们为目的。

互联网＋大数据教育业

互联网＋大数据教育业并非是一个完全新兴的互联网产业。近年来，随着移动互联网相关技术的快速发展，互联网教育也不断发展。从数年前的新东方等大型培训机构将教育业务搬到线上到如今的 O2O 教育营销模式，教育业的发展也呈现出多形态的创新，不局限于依赖线下教育的资源分享平台，更改变着传统教育以教学权威为核心的教育模式。进入了由用户原创内容、自主学习、互动游戏等全方位发展的新型教育模式。

在中国的教育历史上，一直以应试教育为主，而在线教育一直被视为应试教育的补充，但是随着互联网的发展，在线教育逐渐依靠互联网技术，不再依赖于线下教育的资源，而开始形成一整套互联网思维的独立教育思路，以可移动设备为载体，实现了知识学习的生活化、碎片化，将教育行业中的在线教育模式发展到一个新的高度。

2015 年是教育培训行业最为激荡裂变的一年，培训机构面临着"互联网 +"带来的一波又一波新挑战。在大数据 + 互联网的时代背景下，2016 年 4 月 20 日，学邦在郑州亚洲教育年会上，并大咖们共同选择了"BOSS 校长"作为校区运营管理服务商，大力扩张，拓展于全国。2016 年学邦的产品核心将围绕着教育培训的生态链去构建，以 BOSS 校长为核心去延伸新产品、新功能。

1. BOSS 校长：让运营管理更简单

BOSS 校长专业支撑 1 对 1、班课业务管理与运营，由教培行业资深从业者与技术精英共同研发，使校区运营工作效率提升、流程更规范。BOSS 校长的六大亮点是：创造限时跟进机制；首创市场地域分析功能；APP 助力学员管理；专业支撑 1 对 1 的教学服务；可视化排课功能及数字化运营模式。

2. 微秀：个性化市场招生神器

主要针对教培机构解决市场招生的难点痛点，微秀提供丰富的微信招生方案，满足教培机构不同的应用场景，利用当前最热的社交网络传播，助力教培训机构的招生、续报、老带新等专属性活动场景的定制和市场推广。

3. 电服宝：咨询效能提升法宝

几乎每个培训机构都遇到问题：如何实时把控咨询师电话跟进客户过程的质量和效能？电服宝解决了这个问题。当咨询师打完一通电话之后，通话内容立刻智能转化成录音和文字，实现每一次沟通的可视化，使咨询质量得到实时监控并按信息内容分析，成单率大大提升。

4. 教学易：金牌教师孵化平台

让授课老师都成为金牌教师是教育培训机构所有校长的愿望。教学易可以最大化地实现老师之间教学资源的共享，让教学水平标准化、教学过程可视化。教师之间分享教案与题库，为教案提供统一知识标准点，解决了购买题库的区域特性问题，实现了海量题库一分钟自动组卷。

5. 学讯通：家校沟通零距离

如何让学校与家长进行即时互动，提供更好的教学服务，缩短家校沟通距离？作为一款家校互通产品，学讯通帮助学校实时为家长提供课程查询、学习点评、成绩查询、消费查询、优惠报班等内容，随时随地掌握学员动态，实现家校之间在线沟通零距离。

由以上案例可以看出，教育业的发展也在不断改革创新，实现资源共享，提供掌上数据化的全面分析，是互联网＋大数据发展的必然方向。教育行业历来是国家的重点发展目标，要想改变教育培训行业的信息程度低，品牌机构将面临改革升级的现状，就必须利用互联网技术协助教育培训机构实现数字化运营管理，实现互联网＋教育的新模式，突破教育＋互联网发展的瓶颈，促进教育业的发展。

面对教育的发展慎之又慎。一方面，随着教育改革的不断深入发展，互联网的教育前景必将愈加明朗。但是机遇与挑战总是并存的，在大数据时代下，互联网教育所经受的挑战仍然来自于传统教育。中国的国情注定了教育的评估体系在未来仍然不会发生质的改变。因此，要通过互联网将教育与各行业融合发展，在有限的范围内实现教育与互联网的"联姻"，促进教育的转型发展。

另一方面，教育业的发展关系着国家的发展方向和国家经济的发展。

因此，教育的发展不仅要紧密结合大数据时代和互联网技术，更要不断加强国际教育之间的合作。在互联网时代，各行各业之间不再是孤军奋战，通过资本或者产品的合作，实现各自国际化的战略，让教育业的发展紧跟国际潮流，使在线教育平台不断自我完善，在互联网教育不断推陈出新中，积极拥抱互联网数据树立自我品牌，并不断扩张新兴市场，实现国家教育业的飞速发展。

教育业是国家重点关注的项目，它不仅是本国选拔人才的途径，更是关系着本国发展的重中之重。而互联网教育的出现更是加快了国家经济的发展步伐，成为国家重要的发展战略。针对互联网教育，应拥有积极的态度，不仅提供在线教育服务，还要以互联网的前沿模式树立一种新的公共教育精神，通过互联网将教育塑造成一种新的时尚产业，一种显性的"互联网教育文化"以及推动创新意识、创新能力、创新合作的发展，实现互联网教育的发展。

互联网＋大数据＋农业

自 2015 年 3 月李克强总理提出"互联网＋"的行动计划后，互联网＋就上升为国家的重点发展战略方针。在国家政策的支持和技术的不断创新下，互联网积极向其他行业跨界、渗透与融合，帮助传统行业进行积极转型与升级，成为推动国家经济快速发展的有力杠杆。而农业作为人类的"母亲产业"，也是人类的衣食之源、生存之本。在大数据时代下，互联网＋农业的开展成为我国的重中之重。

在大数据、电子商务等名词不断充斥我们耳边的这几年，农业的发展也不断创新，探寻新型经营主体发展电商的途径。传统农业的发展模式显然已不适应当今时代的发展要求，应积极向互联网渗透，实现农业的现代化、农业的电商化、农业的生态化才是现代农业时代的发展需求。但是，农业现代化的实现，需要传统农业利用移动互联网技术向现代农业转型与演进。

武汉明卉源生态农庄地处风景秀美、杜鹃花盛开的著名云雾山区，农庄占地面积 200 亩，主要由易明清夫妻两人经营，是典型的家庭农场经营模式，农庄瞄准生态种植和生态养殖的朝阳行业，主要经营土乌鸡、乌嘴白鸭等产品，鸡舍面积超过 900 平方米，生态养鸡规模达到 3 万只以上，2015 年，通过电子商务平台实现线上销售 120 万元。其主要模式表现如下。

首先是高效生态的养殖模式。农庄采取生态养鸡"553"高效养殖模式，即一个农户饲养几群土鸡或改良土鸡，每群饲养规模不大于 500 只，一亩地饲养密度不超过 50 只，一批鸡群饲养日龄 300 天左右，鸡群充分采食青草、昆虫，进而提高了蛋品和鸡肉的品质，获得较高的产蛋量和较高的活鸡售价。同时，农庄加入了规模化生态鸡标准化生产联合体，通过联合 9 家养殖大户，带动当地农户养殖业逐步实现标准化。

其次是有机生态的营销理念。农庄经营者通过加入《有机慢生活》微信朋友圈宣传产品，以原生态为主题，依托云雾山优良的自然环境，在养殖过程中不使用任何抗生素和食品添加剂，土鸡"饮的是山泉水，吃的是山上的虫子和青草"。突出了产品健康、原生态的特点，紧紧抓住消费者对健康有机产品的购买心理。

然后是标准化的特色产品。在包装设计上，农庄经营者注册了"明卉源"商标，建立了自己的产品冷库，通过快递物流运输的土鸡蛋全部使用了泡沫包装，防止运输过程中的破损，保持了鸡蛋的新鲜和完整性。

最后是多渠道的电商销售模式：一是和成熟电商平台合作。农庄与顺丰物流公司建立合作关系，其产品通过顺丰物流公司旗下的"顺丰优选"和"嘿客"实现线上销售、线下体验。二是利用微信开设微店，展示鸡蛋、土乌鸡、黑山猪、脆枣等农庄自营产品，接受线上预定和团购。三是通过微信朋友圈开展分销。农庄加入《有机慢生活》微信朋友圈，通过平台让有意推广有机产品的普通人加入到推广体系中，这样营销人员以几何式的速度增长，通过分销 + 佣金的模式，有力地促进了产品销售业绩。

明卉源生态农庄通过 6 年的经营和多种电商渠道，产品销售额节节攀升，2016 年第一季度销售额达 40 万元，而且产品供不应求。通过稳定的电商渠道，2016 年自身销售额的预期也同比增长 20%～30%。农庄计划依托云雾山风景区，通过线上"乡村休闲游 + 当地土特产"模式，3 年内带动周边 3 个村庄形成联合体，发展生态养殖规模达到 20 万人，带动土鸡蛋、糍粑、豆丝等当地特色农产品销售，电商年销售实现 1 500 万元，打造出大山里的"淘宝村"。

由以上案例可以看出，农业电商化正是农业现代化的一种重要表现方式。要想真正地发展互联网 + 大数据 + 农业，只有大力发展农业电商才能解决农业产品的生产、流通和消费等整个产业环节中所面临的痛点和问题，这样农业现代化才会不断地向前发展，最终把中国农业推向可持续发展之路，走向农业的生态化。那么，究竟如何将互联网 + 大数据 + 农业不断融合，实现农业现代化的不断发展呢？需做到以下两个方面。

一方面，需要技术和经济上的支持。近几年，移动互联网产业的迅猛发展，特别是移动互联网的普及、智能设备价格的大幅下降以及互联网产品的日益成熟，"互联网 + 农业"在技术和经济上得以可行性发展。尤其是随着科学技术的进步，智能设备得以在农业上应用，使得传统农业不得不进行产业链转型，促进农业现代化。

农业的田间传感系统和智能居家系统的出现，将使农业生产过程更加定制化和智能化。由于农业生产环节的互联网技术已经日益成熟，农业生产过程中的实时图像以及视频监控、检测系统，这些智能化设备的运用都给农户提供了更加科学的种植决策依据，使农业生产系统更加智能。而对这些数据进行分析所形成的农业宏观管理和预警决策体系，无疑使"互联网＋"的农业管理和决策过程更加科学和智慧，使得农业的发展更加具有国际化。

另一方面，实现"智慧农业"的新图景。新型农业现代化背景下的农业产品需要实现从"强调数量、解决温饱"向"强调安全、满足品味"转型，农产品安全事关健康大事。随着人们生活水平的提高，人们对食品有了更高的质量要求和更个性化的品类需求。互联网的不断发展正好满足了这一"智慧农业"愿景的实现。因此，确保农产品安全，根据客户的需要定制生产模式，成为了"智慧农业"的新要求，也成为了互联网＋农业的新方向。

农业作为我国的基础产业，在我国的经济发展中占据着重要的地位。农业发展具有巨大的市场发展空间，但是产业相对落后。需要通过互联网的信息共享所带来的价值增值空间，在大数据时代下，实现分散农户与个性化消费者之间的对接，做到集约化经营、互助经营，从而减少交易成本，不断改善农业产业链，乘上"互联网＋大数据"的列车使农业在未来的发展中迎来一波快速发展的高潮。

电子工业出版社精品图书

《创客：商业革命中的创意
与创新》
ISBN 978-7-121-30048-6

《内容为王——互联网运营
之内容运营修炼手册》
ISBN 978-7-121-30111-7

《数据为王——企业大数据
挖掘与分析》
ISBN 978-7-121-30186-5

《从无到有：互联网破零创
业法》
ISBN 978-7-121-30189-6

《用户为王：互联网+时代的
企业生存法则》
ISBN 978-7-121-28207-2

《从零开始学大数据营销》
ISBN 978-7-121-29970-4

电子工业出版社精品图书

《移动互联网+：新常态下的
商业机会》
ISBN 978-7-121-29571-3

《网红是怎样炼成的》
ISBN 978-7-121-29255-2

《微信运营深度解析：全面挖
掘微信营销的核心秘密》
ISBN 978-7-121-28964-4

《SEO深度解析——全面挖掘
搜索引擎优化的核心秘密
（第2版）》
ISBN 978-7-121-28950-7

《支付宝运营：从微商到支商》
ISBN 978-7-121-28485-4

《社交电商运营策略、技巧
与实操》
ISBN 978-7-121-28126-6

《企业经营数据分析：思路、方法、应用与工具》

赵兴峰 著

ISBN 978-7-121-29333-7

定价：59.00元

页数：268页

编辑推荐

企业经营数据分析：

不是数据的罗列，而是管理问题的挖掘

不是泛泛的总结，而是一针见血的洞见

既需要总结历史规律，更需要预测未来走势

既需要规避经营暗礁，更需要筑建竞争壁垒

　　本书为从事企业经营数据分析工作的人员以及企业中的高层管理者提供数据分析的思路和方法。本书的内容来自笔者长期从业经验的总结，所有的内容都是从企业的实际应用出发，涵盖了多个行业，其中包括生产制造业、零售服务业、电商行业等，读者可以将其中的思路和方法轻松地应用到实践工作中。

　　本书主要内容包括企业中的大数据介绍、数据分析的目的、数据分析的思路、对比与对标、分类、聚类、逻辑关系、预测、结构、各职能部门的具体数据分析、常用的数据分析工具介绍。

　　本书适合企业的管理者与数据分析人员，以及对大数据感兴趣的读者。另外，本书还可以作为企业内部的数据分析培训教材。

《企业数据化管理变革：数据治理与统筹方案》

赵兴峰著

ISBN 978-7-121-29334-4

定价：59.00元

页数：260页

编辑推荐

本书从企业管理的源点出发，所有案例均来自企业的真实

应用场景，并将数据分析与管理经营科学相结合。

　　很多企业热衷于谈论大数据，却忽视企业内部的基础数据管理以及内部管理团队的数据思维训练。不重视数据，就不会有数据；没有数据、没有具备数据思维的管理团队，大数据跟你的企业就不会有任何关系。

　　本书主要讲解企业经营大数据的概念及数据的重要性、数据分析与管理决策、管理部门的指标数据化与对标体系、财务部门的数据分析、企业的数据化之路。另外，书中结合实际案例讲解了企业大数据应用的最佳实践方法；并结合作者的实践经验详述了企业经营大数据治理过程中遇到的问题、阻力以及处理方法。

　　本书适合企业的管理者与数据分析人员，以及对大数据感兴趣的读者。